直面自己 理解自爱

恰如其分的热爱自己

主编 拾 月
编著 陈志华

图书在版编目(CIP)数据

直面自己，理解自爱：恰如其分的热爱自己 / 陈志华编著. -- 北京：现代出版社，2014.7（2024.12重印）
ISBN 978-7-5143-2789-2

Ⅰ.①直… Ⅱ.①陈… Ⅲ.①品德教育－青少年读物
Ⅳ.①D432.62

中国版本图书馆 CIP 数据核字(2014)第 163047 号

直面自己，理解自爱：恰如其分的热爱自己

主　　编　拾　月
编　　著　陈志华
责任编辑　王敬一
内文制作　诚美天下文化传播有限公司
出版发行　现代出版社
地　　址　北京朝阳区安外安华里 504 号
邮　　编　100011
电　　话　(010)64267325
传　　真　(010)64245264
邮　　箱　xiandai@cnpitc.com.cn
网　　址　www.1980xd.com
印　　刷　唐山富达印务有限公司
开　　本　700mmx1000mm　1/16
印　　张　9
版　　次　2014 年 8 月第 1 版　2024 年 12 月第 4 次印刷
书　　号　ISBN 978-7-5143-2789-2
定　　价　57.00 元

前言

青少年是社会最宝贵的财富，是人类的希望和未来，正所谓“少年强则国强”。为此，大至一个国家、一个民族，小至一个家庭、一个家族，都特别重视青少年的教育问题。希望他们成为社会的中坚，家族的骄傲。一句话，就是希望他们成为成功的人。于国，能成为有用的人才；于家，能成为顶梁柱。不仅仅要学习好，还要有辨别人世间的善、恶、美、丑的能力。在每个人的人生中，除了需要自身的因素之外，还需要拥有感受世界的能力。

自立、自强，是绝不服输的勇往直前，是毫不妥协命运的坚决。

自尊、自爱，是顶天立地的脊梁，是不容侵犯的尊严。

自警、自谦，是内心深处的自省，是人生旅途中的字字箴言。

自乐、自勉，是快乐的源泉，是前行的无穷动力。

自信、自知，是对自我最准确的定位，是对自我感知最真实的反馈。

青春，是人最美好的一段时光，也是人格、性格定型的重要阶段，在这个时期，我们需要享受青春的快乐，同时也需要完成自我塑造。通过心理自助，最终从一个小男生、小女生逐渐成长为一个有着健全人格的人，成长为一个对社会、对家庭、对自我有着相对完整认知的人，成长为能够为自己的未来做主的人。这才是一个最充实、最有价值的青春。每个梦想都值得我们认真对待，每个青少年都是未来的希望。在青春中我们不仅要有欢乐，同时也要拥有未来！

本丛书是你化解烦恼的“心灵鸡汤”，可以给你快乐的心理自助；本丛书会让你认识到：掌控心理，方能掌控世界；改变自己，才能改变一切。本丛书还将告诉你：只有实现积极的心理自助，才能收获快乐而充实的青春。

目录

目录

第四篇 播撒爱，让世界充满阳光

第五篇 守护爱，留住心灵的守望

第一篇

生命，一场爱的旅行

所有人的一生，就是一场关于爱的旅行。倘若生命是旅行，那么爱一定在路上。在这一场旅行中，只有拥有了爱，你才会是幸福的，而一旦失去爱，生命都将会黯淡无光。无论生活赐予我们什么样的境遇，我们都要以真挚的爱来回馈我们的生命。

生命因爱而美丽

故事话题

杰克在一次意外事故中眼睛受了伤，视力也在不断地下降，医生说不久后将完全失明。妻子为了给他能见到光明的日子里留下点什么，决定找粉刷匠来把家具和墙壁粉刷一遍。

粉刷匠工作很认真。他虽是断了半只胳膊的残疾人，但他很开心，一边干活一边吹着口哨。偶尔的时候还会和杰克交谈几句。一个星期后他完成了粉刷工作，其间也知道了杰克目前的情况。

杰克对粉刷匠说：“你天天那么开心，也让我感到非常高兴。”算工钱时，粉刷匠少算了 100 美元。

杰克不解：“你为什么少算了工钱？”

粉刷匠说：“我已经多拿了，一个即将失明的人内心还可以这么平静，你让我知道了什么叫勇气。”

杰克却坚持要再给粉刷匠 100 美元，他说：“我知道了，残疾人照样也可以自食其力，活得特别的开心。”

故事解析

粉刷匠虽然是残疾的，但是可以在工作的时候吹口哨。杰克虽然即将失明，但是依然过得非常开心，这是因为生命是一场爱的旅行，是追求破茧成蝶的过程，是流星划过后的辉煌，是躁动的城市中闪动的灵魂，是热闹生活中的一曲阳春白雪。我们的生活中不能缺少爱。我们要有两颗心，一颗化成顽石，拒绝生活中的伤悲，一颗化成爱心，珍惜身边的一切。

我们要为理想而执着地奋斗，而不是为了享受而去抱怨命运。所有人的生命都只有一次，只要我们认真地爱生活，生命才会美好起来。爱，使生活变得多姿多彩，爱越博大，生命也就越有分量。我们只要弹掉身上不小心落下的尘渣，生命就会释放出它最原始的美丽……

故事穿越

史蒂芬·威廉·霍金，出生于1942年1月8日，在1962年霍金在剑桥读研究生后，他的家人注意到儿子的身体出现了很多的异常状况。于是，刚过完21岁生日的霍金在医院里住了两个星期，经过各种各样的检查，他被确诊患上了“卢伽雷氏症”，也就是运动神经细胞萎缩症。

大夫对他说，他的身体状况将会越来越糟糕，只有心脏、肺和大脑还可以运转，到最后，心和肺也会失效，到时候就形同废人一般。

1991年3月，霍金在一次坐轮椅回柏林公寓的路上，被小汽车撞倒了，到医院后发现左臂骨折，头也被划破了，缝了13针，但就在48小时后，他又重新回到办公室投入工作。

又有一次，他和友人去乡间别墅，上坡时拐弯过急，导致轮椅向后倾倒，不料这位引力大师却被地球引力翻倒在灌木丛中。

虽然身体的残疾日益严重，霍金却力图过像普通人一样的生活，完成自己力所能及的任何事情。他甚至是特别喜欢搞恶作剧的——这听来有点好笑，在他已经完全无法移动之后，他仍然坚持用唯一可以活动的手指驱动着轮椅在前往办公室的路上“横冲直撞”；在莫斯科的饭店中，他建议大家来跳舞，然后在大厅里转动轮椅，这可真是一大奇景；当他与查尔斯王子会晤时，居然旋转自己的轮椅来做恶作剧，结果却轧到了查尔斯王子的脚趾头。

当然，霍金也尝到过“自由”行动的恶果，这位量子引力的大师级人物，多次在微弱的地球引力左右下，跌下轮椅，但是，每一次跌倒，他都会顽强地重新“站”起来。

从宇宙大爆炸的奇点到黑洞辐射机制，霍金对量子宇宙论的发展做出了特别杰出的贡献，对人类的进步也起到了很大的作用，霍金获得1988年的沃尔夫物理奖。

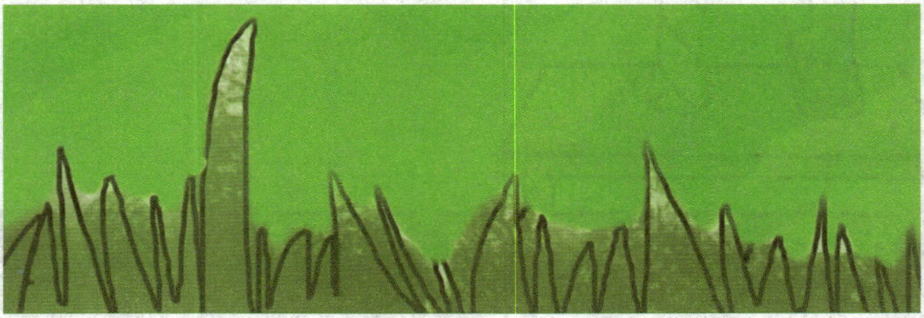

故事微语

在生命的道路上，有的人做一天和尚撞一天钟，漫无目的地生活着。有的人只会耍嘴皮，口出狂语，逢人就鼓吹自己伟大的理想。有的人虽然在为自己的理想奋斗着，却由于某次挫折而一蹶不振。他们都不能算热爱生命。史蒂芬·霍金在面对一系列的挫折之后，一如以往地热爱生命。

所有人的生命不可能是一帆风顺的，总会遇到这样或者那样的困难，但是没有任何理由可以让我们不再珍爱我们的生命。

总之，人生始终是美好的，生命是美丽的。我们不能对生命持无所谓的态度，而是要让生命有意义、有价值，让生命绽放出美丽的花朵，让我们整个生命始终如影随形。

心灵箴言

生命是美好的，一切物质是美好的，智慧是美好的，爱是美好的！

——[法] 杜伽尔

世界上只有一种英雄主义，那就是了解生命而且热爱生命的人。

——[法] 罗曼·罗兰

愿你们每天都愉快地过着生活，不要等到日子过去了才找出它们的可爱之点，也不要把所有特别合意的希望都放在未来。

——[法] 居里夫人

活着，就该展现生命的不凡

故事话题

海伦·凯勒，1880 年出生在美国亚拉巴马州的一个小镇——特斯开姆比亚。在海伦·凯勒生下后的第 19 个月，突然发起了高烧，高烧退后，妈妈给她洗澡时惊讶地发现，她的小眼睛居然一眨也不眨。后来，经过眼科医生的检查表明小海伦·凯勒已经再也看不到东西了。紧接着妈妈又发现小海伦·凯勒失去了听力。3 岁时，海伦·凯勒连话都还不会说了。

但是之后，海伦·凯勒却奇迹般地学会了英语、法语和拉丁语、希腊语，并写了多部著作，如《海伦·凯勒日记》，她的著作中《我生活的故事》，被译成 50 多种文字，风靡了五大洲的每一个角落。

马克·吐温说，拿破仑和海伦·凯勒是 19 世纪两个最出类拔萃的人物。海伦·凯勒并没有像拿破仑那样做过任何惊天动地的大事，但却依然受到全国乃至世界亿万人民的崇拜和爱戴，这其中的秘密是什么呢？《我生活的故事》给了我们明确的答案。在这本书中，海伦·凯勒几乎倾注了全部精力，以富有诗意的描述向我们展示了一卷精彩的人生画面。

《我生活的故事》这本书不仅给盲聋哑人以精神的鼓舞，而且也给所有正常人以奋斗的力量，其中的精神内涵曾经哺育了一代又一代的年轻人，使人们一次次燃起对生活的狂热感情。

海伦作为一位盲人作家，在黑暗中、万籁寂静中看到、听到了最美好的东西，很多正常人往往都无法看到，无法听到。在这个充满铜臭的世界里，最难能可贵的是拥有一个属于自己的精神的园地，然后可以在这里种植一点什么，然后收获一点什么。而这里就是海伦·凯勒倾听到的世界上最美丽的声音，看见的世界上最美丽的风景。

故事解析

海伦没有惧怕生命中的黑暗，而是以更加饱满的热情来迎接这个世界。世界因生生不息的美丽生命而美丽，生命同样因五彩缤纷的世界而精彩。生命的最大意义在于绽放自身独一无二的美丽！只要经过不懈的努力，任何人都可以取得不俗的成绩，都可以破茧成蝶。

泰戈尔说：“即使天空没有留下鸟的痕迹，但我已经飞过。”生命的不凡之处，正在于展现其精彩的过程！即使我们在前进的路途中充满荆棘，但只要我们还活着，就应该不惧挫折，不怕困难，努力地展现我们生命的不凡。

故事穿越

1955 年，张海迪出生在了文登县的一个普通知识分子家庭里。

5 岁的时候小海迪因患脊血管瘤，胸部以下没有了任何知觉，生活不能自理。但是身残志坚的张海迪没有放弃生命，更没有放弃生活，她一面以巨大的的毅力与决心同病魔作斗争，另一面也用勤奋的学习和工作来延续自己的生命。

她不仅自学完了中学以前的全部课程，而且还自学了大学英语专业。后来又坚持学习日语、德语、和世界语等多种语言，甚至还翻译了 16 万字的外文著作和资料。

她刻苦学习潜心钻研了很多种医学书籍，其中包括《人体解剖学》《内科学》《针灸学》等。同时，她学以致用，用学到医学知识和针灸技术，为周围群众治病达一万多人次。她还学过无线电技术、音乐、绘画和书法等多门类知识与学科，以此作为为人民服务的本领。

在整个 80 年代没有一个名字比张海迪更深入人心，她自强不息的生命影响了中国一代又一代的年轻人。

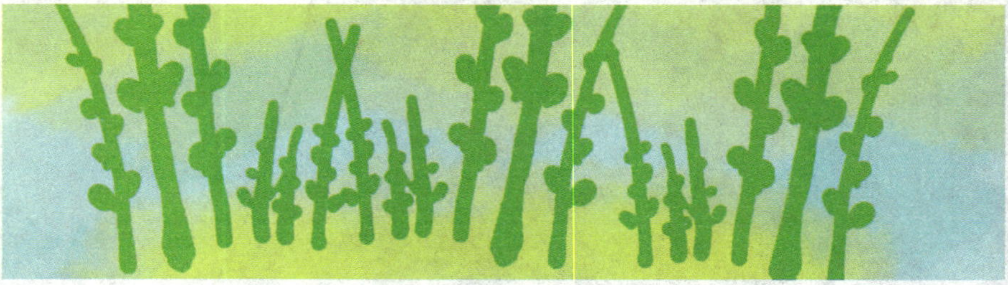

故事微语

张海迪在疾病面前同样也没有低头，反而愈发坚强地面对这些困难和挫折。人生一世，都会面对无数的挑战，人生之路便是一次次挑战组成的坎坷之路，没有人的人生是一帆风顺的。但是只要活着就应该克服这些困难，绽放与众不同、独一无二的精彩。

生命不是用来碌碌无为的，我们都要将生命之花精彩地绽放。如果只是每天单调乏味的为了活着而活着，那么这样的生命是毫无意义的。

有时候，我们也会因为人生的路上各种荆棘，耽搁了行程，但是，这不能成为我们甘愿平凡的理由，反而应该把战胜这些困难作为前进的动力，以最饱满的热情来迎接生命中的每个黎明。

心灵箴言

生命如流水，只有在他的急流与奔向前去的时候，才美丽，才有意义。

——张闻天

生命的路是进步的，总是沿着无限的精神三角形的斜面向上走，什么都阻止他不得。

——鲁迅

人的一生只是一刹那。所以我们要珍惜它，在世上一天就要过好一天，切莫虚度了年华。

——[美] 里克特

爱，源于对生命的尊重

故事话题

杏林子原名刘侠，在 12 岁的时候因为患上了类风湿关节炎而失去了自由活动的能力，这是一种身体免疫系统不全而引发的慢性疾病，目前而言是完全无药可治的，也就是说患者等于被宣判了漫长的死刑，在死亡之前是无尽的疼痛、烦躁和无助。

杏林子在日记中写道：“我的病痛让我腿不能行，肩不能举，手不能弯，头也不能自由转动。甚至吃一口心爱的牛肉乾的权利也被剥夺了，因为咬不动。”这是一种多么艰难而可怕的生存景象啊！

16 岁的杏林子在历经 3 年多的磨难后，逐渐地从沮丧和绝望中走了出来，凭着对生命的热爱和尊重，书写着她不平凡的人生：她用一种常人难以想象的写作方式进行文学创作，用文字见证了她书写的生命奇迹，她的作品成为台湾、东南亚地区最畅销的书籍；她为帮助更多的残疾人，创办了伊甸园，这是目前台湾最大的残疾人组织；她除此之外还致力于为弱势群体、残障人士生存条件的改善服务……

故事解析

杏林子创造的生命奇迹是源于对生命的尊重。所有人的一生中都会遇到各种各样的挫折和不幸，但是生命属于我们的只有一次，只有乐观积极地生活，珍惜生命赋予我们神圣的责任，努力学习，做一个对社会有用的人，才能体现生命的价值，才能算是尊重生命、热爱生命，没有枉费父母赐给我们的宝贵生命。

在这个如花的世界里，我们都是生命的主宰，而且与所有人来说，生命都是公平的：不可复制、不可再生。所以只有感受生命，珍爱生命，尊重生命，生命才会更有意义，生命之花才会在时间的长河中永不凋谢，否则，活着的意义也就仅仅是活着。

既然我们尊重生命、爱惜生命，那就应该从今天开始努力学习，好好生活，不再虚度光阴，让自己的生命变得更加有意义起来。

故事穿越

在美国也有一位拥有不凡生命的女子，她叫黄美廉，从小就患上了脑性麻痹症。这种病的症状十分吓人：因为肢体不再受大脑的支配，因此手足会时常乱动，嘴里也再也说不出清晰的话语，而且模样也会变得十分怪异。

医生根据她的情况，判定最多可以活到6岁……

在常人看来，她已失去了语言表达能力与正常的生活条件，连活下去都是一种奢侈，更别谈什么前途与幸福。但她却坚强地活了下来，而且靠顽强的意志和毅力，考上了美国著名的加州大学，并获得了艺术博士学位。她靠手中的画笔，和良好的听力，抒发着自己的情感。

在一次讲演会上，一位学生贸然地这样提问："黄博士，你从小就长成这个样子，请问你怎么看你自己？你有过怨恨吗？"在场的人都暗暗责怪这个学生对黄美廉的不尊敬，但黄美廉却没有表现出不高兴，她只是以一句话做了结论：我只看我所有的，不看我所没有的！

故事微语

黄美廉的故事会让我们被她那种尊重生命、爱护生命的精神所感动。爱，源于我们对心灵的呵护，更源于我们对生命的尊重。有了这种爱，我们无论在任何时刻都会感觉到温暖，同样，当我们的内心流露出对别人的爱的时候，我们也会知道如何更加的爱自己。

其实只要是生命就应该被尊重，不管你是否拥有健康的身体，也不管你是否给社会创造过多少财富。而对生命的尊重其实就是爱，这种爱是一种超越于物质财富而存在的精神境界，它的真正价值在于她体现了人世间的温情。任何一个生命，只要降落在这个世界上，就有权利得到尊重和被尊重。

心灵箴言

喜爱人生的人绝不是失败者。

——[西班牙] 费德

每一朵花，只能开一次，只能享受一个季节的热烈的或者温柔的生命。我们又何尝不一样？我们只能来一次，只能有一个名字。而你，你要怎样地过你这一生呢？你要怎样地来写你这个名字呢？

——席慕容

生命就是一切。生命就是上帝。一切都在变化、都在运动，这种运动就是上帝。在有生命的时候，就有那种感知神灵的开心。爱生命就是爱上帝。最困难而又最幸福的事，就是在自己遭受痛苦时，在遭受无辜的痛苦时，爱这个生命。

——[俄] 列夫·托尔斯泰

生命对所有人都只有一次

故事话题

早晨，一个伐木工人和往常一样去森林里砍树。他用电锯将一棵粗大的松树锯倒时，树干经过反弹后重重地压在他的左腿上。剧烈的疼痛让他晕倒了过去。太阳快落山的时候，他慢慢地苏醒了。

此时，他知道，目前只有自己能救自己。他试图把腿抽出来，可是根本就抽不出来。于是，他拿起手边的斧子狠命地朝树干砍去，砍了一会儿后，斧柄断了。他又拿起电锯开始锯树。但是，他很快发现：倒下的松树呈 45 度角，巨大的压力随时会把电锯条卡住，电锯一旦出了故障，在这个人迹罕至的地方，就只有死路一条。于是他狠下心，拿起电锯，对准自己受伤的左腿，自行截肢……

伐木工人截完肢后，把腿简单地包扎了一下，决定爬回去。一路上，他忍着剧痛，一寸一寸地爬，一次次地昏迷过去，又一次次地苏醒过来，但是他一直没有放弃，心中只想了一句话：一定要活着回去！

最后伐木工人终于爬出了森林，被路过的村民救了起来……

故事解析

伐木工人不惜付出任何代价来保障自己的生命，是源于对生命的无限热爱，无论是谁，生命都仅仅只有一次，失去了，就再也不会有了，所以生命是无价之宝，是任何东西都无法替代的。

生命作为一个流程，流程中充满了尴尬，所有人都必须承受生活中所有挫折和痛苦，我们应该战胜这些困难，努力的过好每一天，善待生命。在我们感觉无力抗拒这些困难的时候，活下去的确需要很大勇气，非大智大勇者所不能为。

我们在这短暂而又宝贵的生命里，应该善待生命，合理利用好生命中的每一天。生命这么来去无常，我们更应该好好地珍惜它、利用它、充实它、呵护它。

故事穿越

和砍树工人一样，在一次地震中，一个小孩子同样展现出了珍爱生命的高贵品质。

2008年5月15日下午2时，震中映秀镇，一个十几岁的小孩子经过70多小时的苦苦支撑和呼救，终于等来了救援人员的身影。

当时她的右脚被一块巨大的混凝土梁压住了，由于几十个小时的压迫，她被砸伤的右脚已经开始腐烂。而此时由于余震的作用，在女孩的头顶上，一块几百斤重的混凝土梁板随时也会坍塌下来，这时候，就会产生更可怕的后果。

在这紧急关头，女孩在救援人员的鼓励下，拿起身边的乱石，死命地砸断了自己被压住的右脚，然后慢慢地爬了出来，她终于得救了。

故事微语

地震中的这个小女孩和伐木工人一样，用自己的最大努力来保护自己的生命，生命是坚强的，它坚强得能够在死神面前毫无惧色，依然灿烂；但它又是脆弱的，脆弱得在一瞬间就消失了。

生命对所有人都是公平的，你如果善待别人，同时也善待自己，珍爱自己所拥有的一切，那么你的人生也将会变得灿烂。

生命是令人敬畏的，如果不珍惜生命，不爱护生命，那么所有关于生命力的美好色彩，终将再也无法体验，没有办法再看风花雪月，没有办法再聆听金石丝竹，所有的一切也就会归之尘埃。

心灵箴言

生命是唯一的财富。

——[英] 拉斯基

生命是一条艰险的狭谷，只有勇敢的人才能通过。

——[法] 米歇潘

生命不可能有两次，但是许多人连一次也不善于度过。

——[法] 吕凯特

爱贮心田，生命中的希望之树长青

故事话题

有一个叫佘艳的小女孩，她有一双亮晶晶的大眼睛，同时也有一颗透明的心，她曾经是一个弃儿。

她在出生后不久，就被亲生父母抛弃，之后被养父救起，她在这个世界上只活了8年，她留给这个世界一句话：“我来过，我很乖”。她希望自己可以在秋天死去，这样瘦弱的身体就像一朵花一样，自然开谢。在遍地落叶的时候，她会看见横空远行的雁儿们。

直到有一天，她被查出来患有“急性白血病”，看着父亲那双忧郁的眼睛和日渐消瘦的脸，佘艳总有一种说不出来的酸楚，一次，佘艳拉着爸爸的手，话还未出，眼泪却冒了出来：“爸爸，我想死……”

父亲一双惊愕的眼睛看着她：“你才8岁，为啥要死？”

“我是捡来的娃娃，大家都说我命贱，害不起这病，让我出院吧……”

6月18日，8岁的佘艳代替不识字的爸爸，在自己的病历本上一笔一划地签了字：“自愿放弃对佘艳的治疗”。

当天回家后，从小到大没有向爸爸要过任何东西的佘艳，却向爸爸提出两个要求：穿一件新衣服，照一张照片。然后她对爸爸说：“以后我不在了，你想我的时候就看看照片上的我……”

第二天，爸爸叫姑姑带佘艳来到镇上，给佘艳买了两套新衣服，佘艳给自己选了一套粉红色的短袖短裤，姑姑给她选了一套白色红点的裙子，她试穿后就再也舍不得脱下来，之后三人来到照相馆后，佘艳穿着粉红色的新衣服，双手比着V字手势，尽量地抿嘴微笑，但却怎么也忍不住眼泪……

她再也没有办法去学校了，但是她经常会背着书包站在村前的小路上，眼神里充满了渴望。

后来，一个叫傅艳的记者，从医院方面得知的情况，写了一篇报道，详细叙说了佘艳的故事，旋即《8岁女孩巧安排后世》在媒体上刊播了。成都被感动了，互联网被感动了，无数市民为这个可怜的女孩心痛不已，

从成都到全国，乃至全世界，现实世界与互联网空间联动，所有爱心人士为这个弱小的生命捐款，短短 10 天时间，来自全球华人捐助的善款已经超过 56 万，手术的费用足够了。小佘艳的生命之火被大家的爱心再次点燃！

在募捐活动结束后，仍会受到来自全世界的捐款，所有的钱都到位了，大家微笑地等待成功的那一天……

6 月 21 日，放弃治疗回家等待死亡的佘艳被重新接到了成都，住进了市儿童医院，但是最后她还是选择了自愿放弃治疗，把全世界华人捐给她的 54 万分成了 7 份，把生命当成希望的蛋糕分给了 7 个和她一样正徘徊在生死线上的儿童……

她的墓地上有她一张笑吟吟的照片，碑文正面上方写着：“我来过，我很乖（1996.11.30——2005.8.22）。”

9 月 24 日，第一个接受佘艳馈赠的徐黎，在进行手术后，她苍白的脸上挂上了一丝微笑：“我接受了你的生命赠与，谢谢佘艳妹妹，你一定在天堂看着我们。你放心，以后我们的墓碑上照样刻着：我来过，我很乖……”

故事解析

佘艳就像坠落在人间的天使，将爱传递给我们，感动了成都，感动了中国，感动了世界。在生命的最后将生存的希望送给了其他 7 个同样困苦的孩子。

我们的内心也是一个爱的测量仪，在现实生活中，爱是我们行为的准则，有了爱，我们就不会迷失方向，就会幸福。爱是不受任何地点、任何时间、任何传统、任何人束缚的。无论别人如何待我们，我们都是一个标准：爱。因为只要有爱在，生命才会焕发出亮丽的色彩。

人生的真正意义是什么呢？是爱，我们来到这个世界的目的就是以某种方式给予爱，同样也接受爱，同学们，让我们像佘艳一样用爱照亮我们人生的征程吧！

故事穿越

重症病房里，少女画家乔安西，正在从房间里看窗外的一棵树，树叶在秋风中一片片地掉落下来。

乔安西望着眼前的一片片的落叶，心中充满了无限的哀伤。身体也随之每况愈下，一天不如一天，直到医生认定乔安西的治愈率已经微乎其微。

有一天，乔安西忽然对身边的朋友说："当树叶全部掉光时，我也就要死了。"

她的朋友很担心她，于是找到了一位老画家，请求老画家为乔安西画上一片不会掉落的树叶。这位老画家在得知这个消息后，用彩笔画了一片叶脉青翠的树叶挂在了树枝上。

秋天慢慢的深了，直到所有的树叶都落了下来，这最后一片叶子始终没掉下来，在风中一动也不动。

只因为生命中的这片绿叶，乔安西竟奇迹般地活了下来。

故事微语

余艳将爱和希望传递给其他需要帮助的孩子，画家将爱和希望传递给生命垂危的病人，只有有爱在，生命才会绽放光彩，同样，没有爱的人生也是毫无意义的。

雷锋把爱每天传递给身边所有的人，他同样也获得了尊重和爱戴，如今他的生命虽然不在了，但是中国十几亿人仍然记得他，仍然在学习他，仍然视他为榜样。

一个人如果没有爱，不懂得爱自己、爱他人、爱社会，那么他的生命也就已经没有任何价值可言，这样的生命也是可怜的。

我们应该努力地学会爱，既爱自己，也爱别人，哪怕是一个陌生人，只有这样的生命才可以说是幸福的。只爱自己，那就是自私自利。只爱别人，就能受人同情。如果把生命比作汪洋大海，那么，爱就是那一滴一滴的水珠，没有爱，大海也必然会枯竭。

心灵箴言

爱之花开放的地方，生命便能欣欣向荣。

——[荷兰] 凡·高

爱是生命的火焰， 没有它， 一切变成黑夜。

——罗兰

爱就是充实了的生命，正如盛满了酒的酒杯。

——[印] 泰戈尔

第二篇

自爱，从认识自尊开始

自爱，就是在任何时刻爱惜自己，接受并喜欢真实的自己，在适当的时候懂得理解自己、宽容自己。自尊，就是要自己要尊重自己，尽全力维护自己的尊严和人格。自己相信自己，遇到困难不轻易放弃，不轻易退缩。

走在人生的旅途上，必不可少的是自尊。只有尊重自己的人才能谈得上爱自己。一路走来，不卑不亢，才会觉得坦荡和惬意。我们经常说要尊重别人，又希望别人尊重自己，但倘是一个连自尊都丢弃的人，又何言被别人尊重呢？

自尊可以产生巨大的促进力

故事话题

在春秋时期，齐国和楚国都是大国。有一次，齐王派大夫晏子出使到楚国去，楚王仗着自己国势强盛，想乘机侮辱晏子，显显楚国的威风。

楚王知道晏子特别的矮小，就叫人在城门旁边开了一个五尺多高的洞。

晏子来到楚国后，楚王命令人把城门关了，让晏子从这个洞钻进去。

晏子看了看，对接待的人说："这是个狗洞，不是城门。只有访问'狗国'，才从狗洞进去。我在这儿等一会儿，你们先去问个明白，楚国到底是个什么样的国家？"接待的人立刻把晏子的话传给了楚王。

楚王听到这个消息后，只好吩咐大开城门，把晏子迎接了进去。

故事解析

晏子对楚国的巧妙回击，维护了自己和国家的尊严。只有用有自尊心的人才会得到别人的尊重，同样只有有自尊心的人才可以谈得上是自爱，试想一个可以随意任由别人和自己践踏自己的自尊心的人，拿什么来谈自爱？

自尊是一种积极的心理特征。这种特征能使我们尊重自己的人格，像珍惜自己的眼睛一样爱惜自己的名誉，并激励我们奋发图强、自强不息。自尊和事业心、荣誉感、耻辱感也紧密相连。

一个有自尊心的人，在受到表扬、激励、赞扬或获得荣誉时，会感到高兴、幸福。相反，在受到批评、指责或自我谴责的时候，会感到特别难堪。荣誉感能激发人奋发向上，耻辱感能鞭策人改正错误。俄国伟大的作家屠格涅夫曾说过："自尊自爱，作为一件力求完美的动力，是一切伟大事业的渊源。"的确，自尊心可以产生巨大的促进力，督促自己努力前进。

故事穿越

华罗庚中学毕业后，因为家里太穷，被迫辍学。回到家乡，一面帮父亲干活，一面继续顽强地读书自学。不久，又感染了伤寒，生命垂危。他在床上躺了半年之后，留下了终身的残疾——左腿的关节变形，也就是说瘸了。

当时，他只有19岁，在那迷茫、困惑、近似绝望的日子里，他想起了著兵法的孙膑。“古人尚能身残志不残，我才只有19岁，更没理由自暴自弃，我要用健全的头脑，代替不健全的双腿”！

青年华罗庚就是这样顽强地和命运抗争。白天，他拖着病腿，忍着关节剧烈的疼痛，拄着拐杖一颠一颠地干活，晚上，他便在微弱的油灯下自学。

1930年，他的论文在《科学》杂志上发表了，这篇论文惊动了清华大学数学系主任熊庆来教授。在此之后，清华大学聘请华罗庚当了助理员。

在名家云集的清华园，华罗庚一边勤奋地工作，一边在数学系旁听，还用四年时间自学了英文、德文、法文，发表了10篇论文。到他25岁的时候，已经是个很有名气的学者了。

故事微语

在遇到困难和挫折时，自尊的人往往能够奋发向上，自强不息，征服挫折和失败，并且取得最后的成功。而丧失自尊的人，遇到困难和挫折时，往往自暴自弃、自轻自贱。因此不能做到自尊的人在事业上是不可能取得成功的。

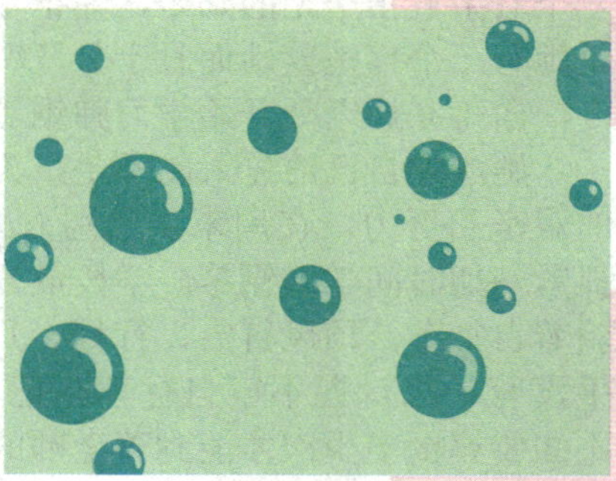

我们在人生的道路上不可能会是一帆风顺的，总会遇到很多的困难，只要有自尊心，便可以破釜沉舟，战胜这些困难，只有这样才可以谈得上是自爱。一个没有自尊心的人，也不会自强不息，更谈不上是自爱。

心灵箴言

人应尊敬他自己，并应自视能配得上最高尚的东西。

——[德] 黑格尔

自尊心是一种美德，是促使一个人不断向上发展的一种原动力。

——[英] 毛姆

自尊自爱，作为一种力求完善的动力，却是一切伟大事业的渊源。

——[俄] 屠格涅夫

推己及人，任何人都渴望得到尊重

故事话题

2010 年 12 月 25 日晚 8 时许，在中央电视台《我要上春晚》第 18 期节目现场，在场的所有人都被一个 19 岁的河南姑娘弹奏的一曲《童年的回忆》震撼和感动了。

这个河南姑娘就是郑桂桂。

郑桂桂出生在河南鹤壁浚县的一个贫穷落后农村，她是一个苦命的女孩，一出生右手就没有手指，在学校里，一向活泼开朗的她被班上的男同学嘲笑为“秃爪子”，这让她感到特别的难堪。

一个偶然的机会，她接触到了钢琴，听着从那个黑黑的大家伙里发出的美如天籁的声音，她深深地陶醉了，从此，她从心底里喜欢上了钢琴。她暗下决心，要学习弹钢琴，让这美妙动听的音乐感染所有的人。

当她把这个想法说出来时，却遭到了包括亲友在内的所有人的耻笑，一个右手五指全无的姑娘，弹钢琴那是一个多么奢侈、荒谬的事情啊。但是她有一个疼她爱她而且十分开明的好父亲支持她，把她送到浚县职业中专，向蒋立炜老师开始学习弹钢琴。

她深知自己的先天的不足，为了学好钢琴，她付出了比别人多出几倍的艰辛和努力。在周末，当别人去逛街购物、去玩时，她也不休息片刻，抓紧一切时间学习钢琴。学校放寒假了，由于她家里没有钢琴，她就每天骑着自行车，顶风冒雪，行程十几千米后去蒋老师家里练琴。由于她的右手没有手指，握不牢自行车车把，每次她都不知要摔倒多少次才能到蒋老师的家里……

在蒋立炜老师的帮助下，她报名参加了中央电视台《我要上春晚》的电视选拔赛，并一路过关斩将，最终站在了《我要上春晚》的大舞台上，以一曲《童年的回忆》，征服了所有人。

当主持人董卿问她：“通过你的努力，你今天已经站在了中央电视台的舞台上，你希望得到的回报是掌声、鼓励，还是……”郑桂桂却大声地回答：“我希望得到尊重！”这是多么朴实而又有尊严的心声，为了得到别人的尊重和理解，她已经付出了太多太多……

故事解析

像郑桂桂一样，每个有自尊心的人都渴望得到别人的尊重，无论这个人是富有还是贫穷，健康或者疾病，聪明或愚蠢。心理学家认为“人性最深切的渴望，就是得到别人的尊重”。

心理学家马斯洛将尊重视为人类的高级需要，而自尊感是一个人健康人格的必要要素。

在传统文化中，被尊重的一定是权威人物或长辈，而没有权威的晚辈或者女性就不太能够得到尊重，但随着社会的发展和进步，人人平等的观念已经深入人心，社会给予所有人同样的发展机会，人们逐渐认识到所有人都应当受到尊重，无论这个人是谁，都理所应该地得到尊重。

故事穿越

有个业务员曾说过这样一个例子。他的工作是为某公司拉主顾，主顾中有一家是大型药店。每次他到这家店里去的时候，总要先跟柜台的卖饮料的小男孩寒暄几句，然后才去见老板。

有一天，他到这家商店去，老板突然告诉他今后不用再来了，他不想再买这家公司的产品，因为这家公司的许多活动都是针对食品市场和廉价商店而设计的，对大型药店没有任何的好处。这个业务员只好离开药店。他开着车子在镇上转了很久，最后还是决定再回到店里，把情况和老板说清楚。

在走进店里后，他和往常一样跟柜台上的卖饮料的小男孩打过招呼后，走到里面去见老板。老板见到他十分高兴，笑着欢迎他回来，并且比平常多订了一倍的货。这个业务员对此感到十分惊讶，不知道在自己离开店后到底发生了什么事情。

老板指着柜台上那个卖饮料的男孩说：“在你离开店铺以后，卖饮料

的男孩走过来告诉我，你是到店里来的推销员唯一会同他打招呼的人。他告诉我，如果有什么人值得同其做生意的话，就应该是你。”从此老板成了这个推销员最好的主顾，而且两个人成为了很好的朋友，这个推销员说：“我永远不会忘记，关心、尊重每一个人是我们必须具备的特质。”

故事微语

关心和尊重别人是每个人必备的高尚的情操和磊落的胸怀。当你用诚挚的心灵让对方在情感上感到温暖，在精神上得到充实的时候，你就会体验到一种非常和谐的人际关系，这样你也将会拥有更多的朋友，取得更多的成功。

每个人都渴望得到他人的尊重，同时也只有尊重他人才能赢得他人的尊重。尊重他人是一种高尚的美德，是个人内在修养的外在表现。尊重他人是一个人良好的思想修养的表现，是一种文明的社交方式，是顺利开展工作和建立良好的社交关系的基石。

俗话说：送花的人周围满是鲜花，种刺的人身边都是荆棘。如果我们要想身边布满“鲜花”，就要学会首先送给他人“鲜花”。凡是爱祖国、爱人民的人，在自己岗位上兢兢业业工作的人都应该得到我们的尊重。

心灵箴言

对人不尊敬，首先就是对自己的不尊敬。

——[美] 惠特曼

我们平等的相爱，因为我们互相了解，互相尊重。

——[俄] 列夫·托尔斯泰

尊重生命、尊重他人、也尊重自己的生命，是生命进程中的伴随物，也是心理健康的一个条件。

——[美] 弗洛姆

正气，骨气是自尊的本质体现

故事话题

童第周是我国著名的生物学家。他出生在一个贫穷落后的山村里。因为家里穷，他一面帮家里做农活，一面跟着父亲努力读书。

童第周在 17 岁的时候才进中学。他的文化基础特别差，虽然很努力地学习，但是第一学期期末考试，平均成绩才 45 分。校长要他退学，但是他不愿意放弃，经过再三请求，才同意让他跟班试读一个学期。

第二学期，童第周更加努力地学习。每天天没亮，他就悄悄起床，在校园的路灯下面读外语。夜里同学们都熟睡了，他又到路灯下面去看书。值班老师发现后，关上路灯，让他进屋睡觉。他趁老师不注意，又溜到厕所外边的路灯下去学习。他抓住一切的机会用来学习，经过半年的努力，他的学习成绩终于赶了上来，各科成绩都很好，数学甚至还考了 100 分。

童第周看着成绩单，心里默默的说："别人能办到的事，我经过努力，一定也能办到。"

童第周 28 岁的时候，得到亲友的资助，到比利时去留学，向欧洲一位很有名的生物学教授学习。

旧中国十分贫穷落后，在世界上根本没有地位，中国学生在国外经常会被同学瞧不起。童第周暗暗下了决心，一定要为中国人争气。

那位教授一直在做一项实验，需要把青蛙的卵的外膜剥掉。这种手术非常难做，要有十分熟练的技巧，还要有超凡的耐心和细心。教授自己做了很多年，但是还是不能成功；同学们也都不敢尝试。童第周不声不响地刻苦钻研，他不怕失败，做了一遍又一遍，最后做成功了。教授兴奋地说："童第周真行！"这件事甚至震惊了整个欧洲的生物学界。

童第周激动地想："中国人并不比外国人笨。外国人认为很难办的事，我们中国人经过努力，一定能办到。"

故事解析

有骨气的人是令人敬佩的，没有骨气的人是遭人唾弃的，也谈不上有自尊心，只能为人所轻贱。有骨气的人全身充满了正气，不为贫贱、困难所折腰，这样的人值得我们所有的人学习和尊重。

文天祥的《正气歌》名垂千古：天地有正气，杂然赋流形。下则为河岳，上则为日星。骨气不应该是在外面的，而是天生的长在骨子里。任何时刻都需要有骨气，民族危亡时要有骨气，和平建设时也要有骨气，学习中要有骨气，生活中要有骨气，与人相处时也要有骨气。

我们中华民族是有骨气的民族，孟子云：富贵不能淫，贫贱不能移，威武不能屈，此之谓大丈夫。徐悲鸿曾说过：人不可有傲气，但不可无傲骨。其主要说的就是做人要有骨气。那些拍马溜须、没有骨气，可以轻易地为五斗米折腰的人只能为世人所不齿。

故事穿越

国民党反动派发动全面内战后，大肆搜刮钱财，于是物价飞涨，老百姓们都困苦不堪。

清华大学教授朱自清也背了一身的债，甚至冬天里连一件暖和点的衣服都做不起，一家人也只能喝稀粥度日。就在这期间，他的小儿子因营养不良而夭亡了。

反动政府知道朱自清很有学问，几次请他出来做官，并承诺给他很高的薪水，可是他拿定主意，誓死不做反动派的官，一次又一次拒绝了。

国民党担心知识分子们造反，于是给他们发了面粉配给证，低价供给美国“援助”的面粉。为了抗议美国支持蒋介石打内战，北京一百多个专家教授发表声明不买“援助”面粉。朱自清也没有丝毫的犹豫在声明上签了字，并对妻子说：“人穷志不穷，我们要做一个有骨气的中国人，决不乞求美国的所谓恩赐。”

1948年8月12日，一代学者朱自清因患重病不幸去世了，临终前，他将妻子叫到身边说："有一件事必须记住，我是在拒绝购买美援面粉的声明上签过字的，你们即使饿死，也不要买它。"妻子含着泪点了点头，朱自清欣慰地含笑闭上了眼睛……

故事微语

毛泽东在《别了，司徒雷登》一文中赞扬朱自清：我们中国人是有骨气的。许多曾经是自由主义者或民主主义者的爱国主义的人，在美国帝国主义者及其走狗国民党反动派面前勇敢地站起来了。闻一多拍案而起，横眉怒对国民党的手枪，宁可倒下去，不愿屈服。朱自清一身重病，宁可饿死，不领美国的 "救济粮 "。

朱自清是有骨气的人，宁肯饿死、病死，也不愿意食用美国人恩赐的"援助"面粉。这种品质不也正是大家需要学习的吗？如果我们的骨气可以轻易地被收买，那么，我们就谈不上是有自尊心的人，也算不上是一个自爱的人。

心灵箴言

人不可有傲气，但不可无傲骨。

——徐悲鸿

君子可招而不可诱，可弃而不可诱。

——王通

人生自古谁无死，留取丹心照汗青。

——文天祥

知荣耻，明白知耻近乎勇

故事话题

朱起凤，浙江海宁人，光绪末年曾在书院任教。

一次，朱起凤在批阅学生的策论试卷的时候，发现卷中有个学生用了“首施两端”一词，他以为这是学生的笔误，随即在一旁改作“首鼠两端”。结果考试结果出来后，“书院大哗”，有人甚至写信来讥讽朱起凤的无知。

原来这个学生并没有写错，“首施两端”也是有出处的，例如在《后汉书》里不但写着“首施两端”一词，而且注明“首施即首鼠也”，也就是说，这两个词是通用的。

在这件事之后，朱起凤深深地感觉到自己的知识面太窄。于是刻苦攻读，认真研讨，把古籍中所见到的“首施”“首鼠”这类音义相关的词，分类汇聚，详细记录。通过苦心琢磨，细致排比，历时接近三十年，易稿十数次，终于编成了在我国语言学史上有重要地位的《辞通》。一些著名的学者，诸如章太炎、刘大白、胡适、钱玄同、林语堂等纷纷为此书作序，大加推荐，自此，朱起凤成了一代文化名流。

故事解析

“金无足赤，人无完人”，我们总会或多或少的暴露自己的不足，因此或许会遭人嘲讽，但是我们应该把这些嘲讽、讥笑和挖苦转化为自己的动力，从失败的地方奋起，在逆境中坚强起来，才能真正做到“知耻”，只有这样我们才能“近乎勇”。

我们都希望自己能够成为受人尊重的人，但是我们不可能做到完美。只有将质疑，甚至是嘲讽，化作前进的动力，不自暴自弃，不甘于落人之后，才能成为值得别人尊敬的人。

在我们的日常学习生活当中，或许我们的某一学科的成绩不够理想，因此而拉了班级的后腿，而受到老师、家长或者同学的批评。这时候我们就应该努力起来，向朱起凤先生学习，勇敢地面对这些事情，并奋起直追，直至超越自己，取得满意的成绩。

故事穿越

英国生物学家谢灵顿在早年沾染上了很多恶习，是伦敦有名的街头恶少，大家都特别讨厌他，不愿意和他有任何来往。

有一天，他向深爱的一位挤奶女工求婚，可是万万没有想到，姑娘扔下一句：“我宁愿跳进泰晤士河里淹死，也不会嫁给你！”这句话深深地刺痛了谢灵顿的心，从此幡然醒悟，觉得应该努力学习，不再虚度光阴，让人看不起了。于是，他从此开始努力钻研医学和生物学。

后来，经过一番努力，谢灵顿在 1885 年取得医学士学位，翌年获医师资格，然后回到圣托马斯医院任讲师，1891 年任伦敦大学兽医院布朗研究所的教授和所长，1895 年起任利物浦大学教授、牛津大学教授，1920~1925 年为英国皇家学会主席，并且在 1932 年获得了诺贝尔医学奖。

故事微语

一个有羞耻心的人，可以临财不贪，临难不屈，谦和忍让，取舍有度。无论是在个人的修养方面，还是在民族的气节方面，知耻都是良知的导火索。

一个人有了羞耻心，才能自省自勉。有羞耻之心的人，可以勇敢地面对自己所有的缺点和不足，战胜自我，这是“勇”的突出表现。谢灵顿在知耻后，奋发图强，最终也取得了不俗的成绩。

周处在年轻的时候被乡亲们视作是“三害之一”，他在明白自己的错误以后，勇于改正，并杀猛虎、斩蛟龙。最终得到乡亲们的认可，成为乡亲们所爱戴的人。

没有不犯错误的人生，也不会有完全正确的人生，人生都会犯错，只有在明白这些耻辱后，勇于承认自己的缺点和错误，奋起直追，并及时地进行改正，才能不给自己的青春留下遗憾。

心灵箴言

五刑不如一耻。

——吕坤

痛莫大于不闻过，辱莫大于不知耻。

——王通

贫莫贫于不闻道，贱莫贱于不知耻。

——李西沤

首鼠
首施

自尊，让生命发出异样的光辉

故事话题

一位挪威青年，从小对音乐就有着执着的追求，为了实现自己的梦想，踏上了漫长的求学之路，来到了异国他乡。他带着小提琴来到了一所著名音乐学院，尽管他尽了全力发挥出自己最好的技艺，可最后还是失败了，没有被录取。

后来，身无分文的他只能在路旁拉起了小提琴，靠卖艺来维持生计。路过的行人都因这美妙的音乐驻足，把钱放在他的琴盒里。

这时有一个混混把钱扔在地上，年轻人只是捡起钱说：“先生，您的钱掉了还您。”混混再次嚣张地把钱扔掉，说：“这钱是给你的了。”年轻人说：“先生，谢谢您，刚才您的钱掉了，我帮您捡起来，现在我的钱掉了，希望您帮我捡起来。”混混哑口无言，最后把钱捡起来，放到了年轻人的琴盒里。

故事解析

尊严是在尊重的前提之上，维护尊严是我们的一种本能。当我们遭遇不如意或不幸时，总有人不怀好意的践踏我们的尊严，这时候我们就要挺起胸膛捍卫尊严，不要让尊严受辱。面对别人的不尊重，我们要变得更坚强，而非一味退让，懦弱屈服。

维护尊严是我们不受污辱的保障，不要让别人的冒失成为我们尊严的枷锁。没有人可以污辱我们，甚至让我们蒙羞。

每一个生命都应该拥有尊严，可以说，没有自尊的人是有缺憾的。自尊是我们活着的精神支柱，唯有自尊才能让我们的人生精彩。

自尊是一种信念，也是一种强大的力量，是我们内心深处的理念，它看不见，摸不着，但是，我们却可以随时随地地感受到它的存在。在任何情况下维护好我们的自尊，会让我们的生命焕发出异样的光彩。

故事穿越

一个寒风瑟瑟的冬天里，南加州沃尔逊小镇上来了一群逃难的人，他们经过长途跋涉，已经面呈菜色，疲惫不堪。善良而朴实的沃尔逊人，家家烧火做饭，款待他们，这些逃难的人，显然很久没有吃到这么好的食物了，他们甚至连一句感谢的话也顾不上说，就狼吞虎咽地吃起来。

只有一个年轻人例外，这是一个脸色苍白、骨瘦如柴的年轻人。当作为镇长的杰克大叔将食物送到男孩面前时，他仰起头，问："先生，吃您这么多东西，您有什么活需要我做吗？"杰克大叔心想，每个善良的人都会给逃避灾难的人一顿饭吃。于是他回答："不，我没有什么活儿需要您做。"

这个年轻人的目光顿时灰暗了，他的喉结上下动了动，说："先生，那我不能吃您的东西，我不能不工作，就得到这些食物！"杰克大叔想了想，说："我想起来了，我家确实有一些活儿需要您帮忙。不过，等您吃过饭，我再给您派活儿。"

"不，我现在就做，等做完了您的活儿，我再吃这些东西！"年轻人站起来说。杰克大叔十分赞赏地望着这位年轻人，他知道如果不让他干点什么活儿，他是不会吃东西的。思量片刻后，杰克大叔说："小伙子，我忙了一天了，现在很疲惫，你愿意为我捶捶背吗？"说着就蹲在这个年轻人跟前。年轻人也蹲下来，轻轻地给杰克大叔捶背。

捶了几分钟，杰克大叔感到十分惬意。他站起来，高兴地说："好了，小伙子，您捶得好极了，刚才我的腰还很僵硬，现在舒服极了。"说完将食物递给了这个年轻人。年轻人立刻狼吞虎咽地吃起来。杰克大叔微笑着注视着这个年轻人，说："小伙子，我的庄园需要人手，如果你

愿意留下来帮我的话，那我真是太高兴了。”

年轻人留了下来，很快成了杰克大叔庄园里的一把好手。过了两年，杰克大叔把自己的女儿许配给他，杰克对女儿说：“别看他现在什么都没有，可他以后百分之百是个富豪，因为他有尊严！”

二十多年后，这个年轻人果然成了富豪。他就是石油大王哈默。

故事微语

哈默以自己的言行维护了自己的尊严，同时也赢得了别人的尊重，进而改变了自己命运。一个人在穷困潦倒、逃避灾难流亡之际，仍捍卫着个人的尊严，还有比这更可贵的吗？

自尊是人生的基石，是自立的根本，到任何时刻、任何地点，我们都不能失守，不能放弃。他尊重自己，所以也得到了别人的尊重。自尊是一种形象代言，也是一种力量，更是一种高尚的情操。自尊必然换来尊重，尊重也必然带来温暖。

和哈默一样，世界上的许多成功者，都是从有自尊开始站起来的。俗话说：自尊者自成，自尊者自立。少年，如果你正站在人生的十字路口，那也不妨从自尊开始走起。

心灵箴言

虽然尊严不是一种美德，却是许多美德之母。

——[英] 柯林斯托姆

自尊心是一个人品德的基础。若失去了自尊心，一个人的品德就会瓦解。

——谚语

人类有许多高尚的品格，但有一种高尚的品格是人性的顶峰，这就是个人的自尊心。

——[苏联] 苏霍姆林斯基

尊严就是对自己和生活负责

故事话题

他是一家大型上市公司的总经理，腰缠万贯。他很久没有体验普通老百姓的生活了。有一天，他突发奇想，想体验一下这样的生活。他投了币，找到一个靠窗边的座位坐下来。

他好奇地打量着身边的人，他的前边是个怀孕的妇女，他的身后是个上了年纪的老人，忽然，有个尖利的声音向他砸来："你就不能给让个座啊，一个大男人一点都不绅士。"他愣了一下，那个抛出尖利声音的女孩继续对着发愣的他吼道："看什么看，说你呢！"全车的人都朝他这里望过来，他的脸"刷"地一下红了。于是赶紧站了起来，把座位让给了那个抱孩子的妇女。在下一个站口，他狼狈地逃下了车，他怎么也想不到自己会出这么大的丑，下车前，他恶狠狠地看了一眼那个牙尖嘴利的丑女孩。

他的公司要招聘，在面试的时候，他亲自进行把关。他见到了一个面熟的人。是她，那个让他出丑的女孩。不是冤家不聚头，他在心里暗暗得意，这是上天给的他报复的机会。女孩也认出了他，神情顿时紧张了起来。

"你把我们所有人的皮鞋都擦一遍，你就可以被录用了。"他对她说。她站在那里，犹豫了很久，家里已经没钱了，她太需要这份工作了。现在，机会就摆在她的面前，只要她放下自尊，弯腰为他们擦一次皮鞋……

他在心里断定这个倔强的女孩是不会屈尊的，没想到她竟然同意了。她拿来鞋刷子，蹲下来，开始替这些考官们擦鞋……

于是，在她给几个考官擦完鞋子后，他不得不当众宣布，她被录用了。

她并没有显得过于兴奋，只是微微地向众考官们道了声谢谢。然后一字一顿地对他说："算上您，我一共擦了 5 双鞋子，每双 2 元钱，请您付给我 10 元钱。然后，我才可以来上班。

他无论如何也没有想到女孩会这样

说，但是还是给了她 10 元钱。更让他意想不到的是，女孩拿着 10 元钱，走到了公司门口一个捡垃圾的老人身边，把 10 元钱送给了他。

从此，他对这个长相丑陋的女孩刮目相看。事实上也确实如此，女孩在日后的工作中，表现得非常出色，业绩出众，替他完成了很多貌似无法完成的任务。

有一天，他忍不住问她："当初我那样难为你，你的心里有没有怨恨？"

女孩却答非所问地说："我弯下腰，只为了换一个可以昂起头的机会。"

故事解析

我们要为自己和生活负责，有时候尊严就是："我弯下腰，只为了换一个可以昂起头的机会。"，有时候忍一时之辱可以换得高傲地昂起头。不对自己和生活负责的人，也谈不上是有尊严的人。

对自己的人生负责，就是学会自爱，保持做人的尊严。人生路上，无

论成功，或失败，或幸福，或不幸，但无论如何，我们都要保持做人的尊严，热爱自己。我们要学会爱自己，接纳自己，相信自己，相信自己的价值，相信天生我材必有用。学会珍惜自己的青春年华，珍惜自己的似锦前程，不让人生最美好的时光虚度。

故事穿越

王强和赵光新到一家速递公司，被分为了工作搭档，他们一直都很认真努力的工作。老板对他们很满意，但是一件事却改变了两个人的命运。

一次，王强和赵光负责把一件大宗邮件送到码头。这个邮件很贵重，是一个古董，老板反复叮嘱他们要小心。到了码头王强把邮件递给赵光的时候，赵光却没接住，邮包掉在了地上，古董碎了。

赵光趁着王强不注意，偷偷来到老板办公室对老板说："老板，这不是我的错，是王强不小心弄坏的。"老板平静地说："谢谢你赵光，我知道了。”随后，老板把王强叫到了办公室。“王强，到底怎么回事？”王强就把事情的原委告诉了老板，最后王强说：“这件事情是我们的失职，我愿意承担责任。”

王强和赵光一直等待处理的结果。老板把王强和赵光叫到了办公室，对他俩说：“其实，古董的主人已经看见了你俩在递接古董时的动作，他跟我说了他看见的事实。还有，我也看到了问题出现后你们两个人的反应。我决定，王强，留下继续工作，用你赚的钱来偿还客户。赵光，明天你不用来工作了。”

故事微语

勇于承担责任是对自己的人生负责，也是捍卫自己尊严的一种方式，这种人是值得别人尊重的。一个只懂得逃避责任，不对自己的行为负责的人，是靠不住的，也不会得到别人的尊重。

我们在日常生活中也要学会对自己的行为负责，没有谁永远不犯错误，或者永远不会产生过失，只有在犯错误之后，勇于承认错误，并加以改正，才能称之为有尊严的人。而面对挑战和挫折一味地推脱和逃避责任，只会让人看轻。

心灵箴言

责任就是对别人和自己负责。

——李增阳

我们应该不虚度一生，应该能够说：“我已经做了我能做的事。”

—— [法] 居里夫人

所有人都被生命询问，而他只有用自己的生命才能回答此问题；只有以“负责”来答复生命。因此，“能够负责”是人类存在最重要的本质。

——[奥地利] 维克多·费兰克

第三篇

懂得付出，才能学会收获

不计较报酬的付出，往往才可能得到更多的回报。相反，一个人如果对自己的每一点付出都计较于心，算计如何才能得到最大的回报，结果往往得到的却很少。天底下没有无端的收获，付出才是收获的基础。

“一分耕耘一分收获”，没有经过播种的土地不会长出丰收的果实，没有经过付出的人生，同样也不会获得任何收获，我们只有懂得了如何付出，才会学会如何收获。

爱的美丽，源于它奉献的开心

故事话题

孔繁森是中国共产党的杰出代表，1944 年生于山东聊城一个贫苦的家庭，1961 年参加工作，1966 年加入中国共产党。曾做过战士、地委宣传部副部长、县委副书记、拉萨市副市长、阿里地委书记等职务。在 50 岁那年的赴新疆考察途中，因车祸不幸以身殉职，但是孔繁森的事迹却一直在流传。

孔繁森同志的家庭十分困难，上有白发老母瘫痪在床，妻子患肝硬化、脾出血做过大手术，下有 3 个未成年孩子，但他两次赴西藏工作，恪尽职守，勤政为民，无私奉献，深受西藏各族人民群众的拥戴。

第一次期满回山东后，组织上安排他第二次进藏。第二次进藏又期满了，由于工作需要，他继续留下，而且到更艰苦的阿里地区工作。在海拔 4700 多米的岗巴县任县委副书记的 3 年中，他几乎跑遍了全县的乡村牧区，每到一地就访贫问苦，宣传党的政策，和群众一起收割、打场、挖泥塘，与当地的人民群众结下了深厚的情谊。

孔繁森为了西藏人民，可以献出金钱、鲜血、健康乃至自己的生命。1992 年，拉萨市墨竹工卡等县发生地震。当时在拉萨任副市长的孔繁森立即赶赴灾区。在羊日岗的地震废墟上，他看到 3 个失去父母的孤儿曲尼、曲印和贡桑，便嘱咐当地干部务必安置好他们。不久他再次来到羊

日岗乡，决定亲自抚养这3个孤儿。孔繁森每次下乡，总要把钱分给那些生活困难的藏族群众，收养孤儿后，经济上也变得更加拮据。1993年为了给两个孩子付学杂费，他悄悄到西藏军区总医院血库献血，前后卖3次血，得了900元钱。在西藏工作的近10年，他几乎没往家里寄钱，而省下的工资，大部分都花在了藏族群众身上。在他当拉萨市副市长期间，全市56所敬老院和社会福利院，他走访过48所。

孔繁森去世后，在整理他的遗物的时候，发现他所有的财产仅仅是8.6元钱和三个纸箱……

故事解析

孔繁森无私奉献的精神和对藏族同胞的爱感动了无数人，奉献是一种精神的开拓，为了多数人的幸福生活，不惜牺牲自己，那是无私的奉献，是自我价值的实现，是大我的创造。拥有这种精神的人必然会获得别人的尊重，成就自我的人生目标。

奉献和爱是没有任何附加条件的。这是在有了信仰、主义、和目标后的意志，这是为了一个民族的复兴，一个国家的强盛，一个政党的发达而勇于牺牲、奋斗、超前和攀登的伟大的精神。

我们也要努力向孔繁森同志学习，因此我们的精神方面会获得无限的开心和满足，同时必然会成为时代的精英。

故事穿越

李春燕，28岁，是贵州从江县大塘村的一名乡村医生。四年前李春燕卫校毕业后嫁给了大塘村一个苗族青年成为一名乡村卫生员，并且在自己家开设了一间卫生室，成了一名赤脚医生。

大塘村是一个苗族村寨，有2500多名苗族村民，却只有她一个乡村卫生员。人们向来缺医少药，过去，村里没有医生，得病了，除了苦熬，就是请鬼师驱鬼辟邪，或是用‘土办法’自己治疗，很多时候死了，也不知道是什么原因造成的。

现在，大家已经逐渐习惯了生病去李春燕那儿打针吃药，有了初步的医疗保障。李春燕，严格地讲不能称作医生，只能叫作‘卫生员’，因为她没有编制，不享受国家的工资和其他方面的待遇。由于工作环境差、入不敷出，我国的大部分乡村卫生员已改行或外出打工去了。李春燕也遇到过相同的问题，乡亲们来看病，没有钱付药费，只能记账赊欠。慢慢的李春燕的生活质量越来越差。

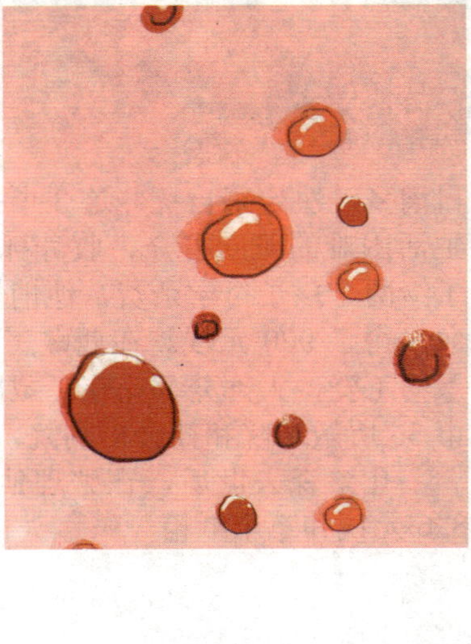

2004年初，一直赔本经营卫生室的李春燕决定关掉卫生室，和丈夫一道去广东打工。当他们正准备出门的时候，闻讯而来的乡亲们正好赶到。村民们掏出皱巴

巴的一元、两元钱递给李春燕："李医生你走了，我们可怎么办？这是我们还你的账，不够的我们明天把家里的米卖了，给补上。"于是李春燕没有离开。这是李春燕留在这艰苦的地方做乡村医生以来唯一想放弃的一次……

故事微语

奉献的人是幸福的，因为他会获得无数人的尊重和爱戴。奉献的人是开心的，因为他取得了心灵上的踏实和满足。

胡锦涛同志说：“奉献是崇高的境界，是美好人生的追求，也是成就事业的前提”。奉献不会有高调的炫耀，只是责任心的转化和体现，是最平常而又最朴实的东西。奉献并不是投入和产出的关系，奉献的多并不意味着收获的多。因为奉献是一种自豪感、成就感和人生价值的体现，是人的纯正灵魂的再现，是人和人真情的流露，是大我的创造。

如果所有的人都不愿意奉献，那么时代就不会进步，就没有奇迹的开创，就没有今天的繁荣昌盛，更没有未来的光明。奉献不论大小，都是默默无闻，没有任何声响发出的。每个人只要有勇于奉献的精神，就是被大家歌功颂德的对象。只有这些平凡中的奉献者，才有今天社会的平安与发展。

心灵箴言

只有为别人而活的生命才是值得的。

——[美] 爱因斯坦

自己活着，就是为了使别人过得更美好。

——雷锋

希望你们年轻的一代，也能像蜡烛为人照明那样，有一分热，发一分光，忠诚地为人类伟大的事业贡献自己的力量。

——[英] 法拉第

学会为别人点一盏灯

故事话题

一个和尚走在漆黑的路上，因为路太黑，行人之间难免磕磕碰碰，和尚也被行人撞了好几下。他继续向前走，远远看见有人提着灯笼向他走过来，这时旁边有个路人说道：“这个瞎子真奇怪，明明看不见，却每天晚上打着灯笼！”

和尚也觉得非常奇怪，等那个打灯笼的盲人走过来的时候，他便上前

问道：“你真的是盲人吗？”

那个人说：“是的，我从生下来就没有见过一丝光亮，对我来说白天和黑夜是一样的，我甚至不知道灯光是什么样的！”

和尚更迷惑了，问道：“既然这样，你为什么还要打灯笼呢？你甚至都不知道灯笼是什么样子，灯光给人的感觉是怎样的。”

盲人说：“我听别人说，每到晚上，人们都变成了和我一样的盲人，因为夜晚没有灯光，所以我就在晚上打着灯笼出来。”

和尚非常震动地感叹道：“原来你所做的一切都是为了别人！”

盲人沉思了一会儿，回答说：“不是，我也是为了是自己！”

和尚更迷惑了，问道：“为什么呢？”

盲人答道：“你刚才过来有没有被别人碰撞过？”

和尚说：“有呀，就在刚才，我被两个人不留心碰到了。”

盲人说：“我是盲人，什么也看不见，但我从来没有被人碰到过。因为我的灯笼既为别人照了亮，也让别人看到了我，这样他们就不会因为看不见而撞到我了。”

和尚顿悟，感叹道：“我辛苦奔波就是为了找佛，其实佛就在我的身边啊！”

故事解析

盲人在点灯照亮别人的同时，更照亮了自己，既方便了别人在夜间走路的时候看清道路，也方便了别人看到自己，而不被撞到。我们在日常生活中的很多事情何尝不是如此呢？当我们给别人解析难题的时候，同样不也是给自己温故知新吗？当我们帮助别人打扫卫生的时候，同样不也是给

了自己一片净土吗？

俗话说：“赠人玫瑰，手有余香”，我们在帮助别人，给予别人开心的同时，自己不是也同样获得了开心吗？帮助别人是一种美德，只有互帮互助，这个世界才会变得更加美好，人生才会变得更加有意义。

故事穿越

有一个小精灵，在大家的委派下去考察地狱和天堂的区别。

他先下到地狱，发现被罚到这里的人，个个面黄肌瘦，就像饿死鬼一样，嗷嗷地痛苦叫着。小精灵想是不给他们吃的吗？经过了解知道吃的是有的，问题是给他们吃饭的勺子太难用了。他们所有人都拿一个一米多长的勺子，尽管勺子里面舀了食物，但怎么也放不到自己嘴里。所以，地狱的人越想吃到食物，内心就越受煎熬，就会形容枯槁，面黄肌瘦。

小精灵又来到天堂。他看到天堂里的所有人都是红光满面，精神焕发。他想：是不是天堂的日子过得好。结果他看到一个现象，让他大吃一惊。天堂里的食物跟地狱没有多大区别，所有人手中也拿一把一米多长的长把勺子。唯一和地狱不同的是：天堂的人们是用长勺子相互喂给对方，共同达到温饱，对方都露出开心的笑容。

故事微语

天堂和地狱的区别就是愿不愿意帮助别人吃到食物，天堂的人愿意帮别人吃到食物，于是个个红光满面。地狱的人只想到自己，于是个个形容枯槁。愿意为别人“点亮一盏灯”的人，必然也会得到别人的帮助，不懂得付出和奉献的人也注定得不到别人的爱护。

如果我们想生活在天堂一样的地方，那么就首先要学会关心和帮助别人。只有所有人都愿意帮助别人，我们所生存的地方才能被称为“天堂”，否则，我们所赖以生存的地方就将会变成地狱一样冰冷，我们的内心也会整日受到煎熬。

心灵箴言

每有患急，先人后己。

——陈寿

好事须相让，恶事莫相推。

——王梵志

最好的满足就是给别人以满足。

——[法] 拉布吕耶尔

给予是人生最大的幸福

故事话题

在一个小镇上，一个漆黑的夜晚里，凛冽的北风呼呼地刮着，透着刺骨的寒冷，一对老夫妻步履蹒跚地走在街上。由于夜深了，天气寒冷，很多旅馆不是人已经满了，就是早早关了门。这对夫妻，又冷又饿，希望尽快找到可以住的地方。

当他们来到路边一间简陋的旅店，店里的小姑娘充满歉意地说：“店里客人都满了。” “我们找了好多家旅店，这样糟糕的天气，我们该怎么办呢？”屋外，呼呼刮着寒风，眼看就要飘起雪花了，这对老夫妻非常的发愁。

店里的小姑娘不忍心让这两位老人再继续受冻，她说：“如果你们不计较的话，今晚就住在我的床位上吧，我可以在店堂里打个地铺睡觉。”

小姑娘见他们饥寒交迫，又给他们端来热水和热乎乎的饭菜，为老夫妻铺好了床，老年夫妻非常感激。第二天，他们付了双倍的客房费，小姑娘坚决不要。她说：“我仅仅做了一件自己力所能及的事情，让你们这么大年纪的人在风雪中，任何人都于心不忍，而且，你们住的是我的床位，根本就不需要付钱。”

临走时，老夫妻握着小姑娘的手，语重心长地说：“小姑娘，只有像你这样的品质，这样经营旅店的人，才有资格做一家五星级酒店的总经理。”

“那样太好啦，呵呵。”小姑娘并没有太在意，“起码总经理的收入可以更好的养活我的妈妈啦。”她随口应和道，呵呵地笑了起来。

没想到，两年后的一天，小姑娘收到了一封来自纽约的信件，信中夹有一张往返纽约的双程机票，并邀请她去拜访一对老夫妻，这对老夫妻就是当年睡她床位的那两位老人。

小姑娘来到大都市纽约，老夫妻把她领到最繁华的街市，指着那儿的一幢摩天大楼说：“这是一座专门为你兴建的五星级宾馆，现在我们正式邀请你来当总经理。”

故事解析

年轻的小姑娘因为一次举手之劳的助人行为，美梦成真。不仅得到了好的职位，而且得到了别人的信任。小姑娘是幸运的，但是她的幸运不是上帝赋予的，是来自于她平时助人为乐的高贵品质。

助人为乐是社会美德，不管在什么地点、任何时刻都应该保持和发扬。在别人有困难需要帮助的时候，如果我们伸出热情的双手帮助他们，不但可以帮助别人解决难题，自己也会因此获得更大的开心和幸福。

我们青少年应该把助人为乐的美德发扬光大。如果我们所有人都助人为乐，那么这就会成为一种社会风尚，我们的生活也必然会变得更加幸福。

故事穿越

1961年5月的一天，雷锋因公事出差，清早五点钟从连部出发，在去火车站的路上，看到一位大嫂背着一个小孩，手里还拉着一个六七岁的小女孩也在赶车的路上。

天淅淅沥沥地下着雨，他们母子三人却都没有穿雨衣。那个小女孩一不小心掉进了泥坑里，弄了一身泥，一边走还一边哭。看到这种情况，雷锋立即想道：我军宗旨就是全心全意为人民服务，群众的困难就是我的困难。

雷锋急忙上前去，脱下自己的雨衣，披在背小孩的大嫂身上，马上又背起那个小女孩，一同来到火车站。雷锋在替她们买好了票后，又一同上了火车。

在车上，雷锋看到那个小女孩全身衣服都湿透了，头发还在往下滴水，冻得她直打冷颤。雷锋自己的一身衣服也湿了，他急忙解开外衣，摸了摸贴身的那件绒衣还是干的，立即脱了下来，给那个小女孩穿上。在听说他们母子三人早晨没吃饭就出来了，雷锋又把自己带的三个馒头送给了他们。

上午九点钟，列车到了沈阳，雷锋领着小女孩，把他们母子三人一直送出车站……

故事微语

雷锋是助人为乐的典范，他的无数事迹值得我们歌颂和学习。助人为乐的结果往往是双赢，既帮助了他人，同时也留给自己一份金钱买不到的开心。

要想助人为乐，就要有一种忘我的奉献精神，并要把它贯穿在自己的生活中，作为为人处世的一种准则。当见人遇风险时，要先人后己，只有如此才能使自己得到心灵上的满足和幸福。同时，助人为乐还有一种奇妙的力量，可以帮助自己的心灵得到升华，成为一个精神世界十分富足的人。

心灵箴言

最好的满足就是给别人以满足。

——[法] 拉布吕耶尔

世界上能为别人减轻负担的都不是庸庸碌碌之徒。

——[英] 狄更斯

你要记住，永远要愉快地多给别人，少从别人那里拿取。

——[苏联] 高尔基

懂得“施与受”的艺术

故事话题

一个男子坐在一堆金子上，伸出双手，向每一个过路人乞讨着什么。

上帝走了过来，男子向他伸出双手。

“孩子，你已经拥有了那么多的金子，难道你还要乞求什么吗？”上帝问。

“唉！虽然我拥有如此多的金子，但是我仍然不幸福，我乞求更多的金子，我还乞求爱情、荣誉、成功。”男子说。

上帝从口袋里掏出他需要的爱情、荣誉和成功，送给了他。

一个月之后，上帝又从这里经过，那男子仍然坐在一堆黄金上，向路人伸着双手。

“孩子，你所求的都已经有了，难道你还不幸福么？”

“唉！虽然我得到了那么多东西，但是我还是不幸福，我还需要开心和刺激。”男子说。

上帝把开心和刺激也给了他。

一个月后，上帝从这里路过，见那男子仍然坐在那堆金子上，向路人伸着双手——尽管有爱情、荣誉、成功、开心和刺激陪伴着他。

“孩子，你已经拥有了你所希望拥有的，难道你还要乞求什么吗？”

“唉！尽管我拥有了比别人多得多的东西，但是我仍然不能感到幸福。老人家，请你把幸福赐给我吧！”男子说。

上帝笑道：“你需要幸福吗？孩子，那么，请你从现在开始学着付出吧。”

上帝一个月后又从此地经过，只见这男子站在路边，他身边的金子已经所剩不多了，他正把它们施舍给路人。

他把金子给了衣食无着的穷人；把爱情给了需要爱的人；把荣誉和成功给了惨败者；把开心给了忧愁的人；把刺激送给了麻木不仁的人。现在，他一无所有了。

看着人们接过他施舍的东西，满含感激而去，男子笑了。“孩子，现在，你感到幸福了吗？”上帝问。

“幸福了！幸福了！”男子笑着说，

“原来，幸福藏在付出的怀抱里啊。当我一味乞求时，得到了这个，又想得到那个，永远不知道什么是幸福。当我付出时，我为我自己人格的完美而自豪、幸福；为我对人类有所奉献而自豪、幸福；为人们向我投来感激的目光而自豪、幸福。谢谢您，上帝，您终于让我知道了什么叫幸福。”

故事解析

男子一味索取的时候没有感觉到幸福，反而在因为帮助别人而使自己一无所有的时候，感觉到很幸福。当你帮助他人时，其实也是在帮助自己。因为这时候你将会觉得与他人间的亲密感，而他人就是你的世界，同时，你会觉得自己是一个对世界和社会很有贡献的人。

要想活得快乐，就必须懂得“施与受”的平衡，这是维持文明生活所必需的血液。一个人若只知接受他人的恩惠，却不懂得施舍给别人什么，那么必然永远得不到幸福。一个男人的一生若只是紧紧地抓住金钱不放，或是某个女人一味的只知道接受其他人的馈赠，那他们都不会感到幸福的。一个人必须知道施舍的喜悦——那种因为使别人幸福而令你自己浑身舒服透顶的欣喜感觉，才是幸福的真正意义。

故事穿越

一天，一个名叫约翰的大学生到校长室申请一笔学生贷款，经过一番了解情况而被批准后，他万分感激地向校长汤姆克鲁斯道谢。

正要退出时，汤姆克鲁斯说：“有时间吗？请再坐一会儿。”

接着，学生十分惊奇地听到校长说：“你在自己的房间里亲手做饭吃，是吗？我上大学时也做过。我做过牛肉猩子头，你做过没有？要是煮得很烂，这可是一道很好吃的菜呢！”接下去他又详细地告诉学生怎样挑选牛肉、怎样用文火煮、怎样切碎等，并告诉他要放冷了再吃。一个下午，两人交谈得十分愉快。

“你吃的东西必须有足够的分量。”校长最后对约翰说。约翰感激地向校长说：“从来没有人像您一样对我。”

故事微语

每一个人都有“希望自己被别人关心”的欲求。只有与人交往中的真诚关怀别人，才会衍生出良好的人际关系，二者合为一体的瞬间，会产生几倍的强大力量，这种力量就能带来成功与幸福。

在生活中，我们也会有这样的体会。想获得成功的人，应该帮助自己周围的人也获得成功；希望自己生活好的人，也应该帮助其他的人生活得好，因为一个人的生活价值要以别人的生活价值进行衡量。

关怀别人是我们为人处世中一个不可或缺的因素。如果想要得到明天的幸福，那么从今天起，你就必须开始撒播幸福的种子。

心灵箴言

慈悲不是出于勉强，它是像甘露一样从天上降下尘世；它不但给幸福于受施的人，也同样给幸福于施与的人。

——[英] 莎士比亚

只有不懂得关怀别人的人，其生活才会面临真正的痛苦，甚至伤及他人。世界之所以充满失败，正是由这些人所造成的。

——佚名

幸福是捉摸不定、透明的事物。如果你决心去追寻幸福，你将会发现它很难以捉摸；如果你把幸福带给其他人，那么幸福自然就会来到。

——谚语

钱永远买不到尊重和爱

故事话题

1921年，路易斯·劳斯出任某监狱的监狱长，那是当时最不好管理的监狱之一。可是在20年之后，当劳斯退休的时候，该监狱却成为一所提倡人道主义的机构。研究报告将功劳归于劳斯，当他被问及该监狱改观的原因时，他无限感慨地说："这都由于我已去世的妻子——玫凯琳，她就埋葬在监狱外面。"

玫凯琳是3个孩子的母亲。劳斯成为监狱长后，大家都警告她千万不可踏进监狱，但这些话拦不住玫凯琳！第一次举办监狱篮球赛时，她带着3个可爱的孩子走进体育馆，与服刑人员坐在一起一同观看比赛。

她的态度是："我要与丈夫一道关照这些人，我相信他们也会关照我，我不必担心什么。"

一名被判定有谋杀罪的犯人瞎了双眼，玫凯琳在知道这件事情后便前去看望。

她握住犯人的手问："你学过点字阅读法吗？""什么是'点字阅读法'？"他问。

于是她开始教他阅读。多年以后，这人每逢想起玫凯琳的爱心都会激动得泪流满面。

玫凯琳在狱中遇到一个聋哑人，结果她自己到学校去学习手语。许多人说她是耶稣基督的化身。

在1921～1937年之间，她经常造访星星监狱。

后来，她在一桩意外交通事故中逝世。第二天，劳斯没有上班，代理监狱长管理监狱的工作。消息立刻传遍了监狱，大家都知道出事了。

接下来的一天，她的遗体被放在棺材里运回家，她家距离监狱不是很远。代监狱长早晨散步时惊愕地发现，一大群看上去最凶悍、最冷酷的囚犯，

竟齐集在监狱大门口。

他走近去看，见有些人脸上竟带着悲哀和难过的眼泪。他知道这些人十分的喜爱玫凯琳，思索片刻后，转身对他们说：“好了，各位，你们可以去，只要今晚记得回来报到！”然后他打开监狱大门，让一大队囚犯走出去，在没有守卫的情形之下，走路去看玫凯琳最后一面。结果，当晚每一位囚犯都回来报到。

故事解析

玫凯琳得到了大家的尊重和爱，这不是任何金钱所能买得到的，是真正对别人付出爱心的人才会得到的。一个人只有给予别人足够的尊重和爱，才能获得别人的尊重和爱。

我们在日常生活中也是如此，有人认为钱是万能的，有了钱便对别人颐指气使。可是别以为别人会因为你有钱，而在内心里羡慕你的腰缠万贯，羡慕你赚钱的能力，羡慕你优质的物质生活。殊不知任何人都不可能因为金钱的缘故而得到别人发自于心底的尊重。金钱确实可以买到很多东西，可以买到豪华游艇，可以买到整栋别墅，可以买到顶级跑车，但是，恰恰是人世间最为珍贵的尊重和爱是金钱所买不到的。获取尊重和爱的途径很简单，那就是：首先给与别人足够的尊重和爱。

故事穿越

有位商人十分有钱，但却得不到旁人的尊重，他为此苦恼不已，每日寻思如何才能得到众人的敬仰。

某天在街上散步时，他看到街边一个衣衫褴褛的乞丐，心想机会来了，便在乞丐的破碗中丢下一枚亮晶晶的金币。谁知乞丐头也不抬地仍是忙着捉虱子，商人不由生气：“你眼睛瞎了？没看到我给你的是金币吗？”

乞丐仍是不看他一眼，答道：“给不给是你的事，不高兴可以要回去。”

商人大怒，意气用事起来，又丢了十个金币在乞丐的碗中，心想他这次一定会趴着向自己道谢。却不料乞丐仍是不理不睬。

商人几乎要跳了起来：“我给你10个金币，你看清楚，我是有钱人，好歹你也尊重我一下，道个谢你都不会吗？”

乞丐懒洋洋地回答：“有钱是你的事，尊不尊重你则是我的事，这是强求不来的。”

商人急了：“那么，我将我财产的一半送

给你，能不能请你尊重我呢？”

乞丐翻着一双白眼看他：“给我一半财产，那我不是和你一样有钱了吗？为什么要我尊重你。”

商人更急起来道：“好，我将所有的财产都给你，这下你可愿意尊重我了？”

乞丐大笑：“你将财产都给我，那你就成了乞丐，而我则成了有钱人，我凭什么来尊重你？”

故事微语

故事中的商人之所以得不到乞丐的尊重，是因为在许多时候金钱和尊重是难以划上等号的。

“尊重”或许看起来只是一种很普通的行为方式，但实际上却是一种高素质的文化体现，因其由里而外投射出我们的人格。再多的金钱，也很难买到人们发自内心的尊重……而一声你好，一个微笑，一个致歉，却能得到这金钱买不到的尊重，而这些恰恰来自于你发自内心对别人的关心和爱。

心灵箴言

我们平等的相爱，因为我们互相了解，互相尊重。

——[俄] 列夫·托尔斯泰

要尊重每一个人，不论他是何等的卑微与可笑。要记住活在所有人身上的是和你我相同的性灵。

——[德] 叔本华

施于人，但不要使对方有受施的感觉。帮助人，但给予对方最高的尊重。这是助人的艺术，也是仁爱的情操。

——刘墉

第四篇

播撒爱，让世界充满阳光

“爱是心的呼唤，爱是人间的春风，爱是生命的源泉……”爱无处不在，哪里有爱，哪里就有阳光，如果我们时刻播撒爱，整个世界就会充满阳光。

时间上那个最纯洁的东西就是爱，爱心是一片冬日里的阳光，使饥寒交迫的人感到温暖；爱心是沙漠中的一泓清泉，使濒临绝境的人重新看到希望；爱心是一首飘荡在夜空里的歌谣，使孤苦无依的人获得心灵的慰藉；爱心是一场洒落在久旱的土地上的甘露,使心灵枯萎的人感到感情的滋润。

爱是温暖的，也是无限的和不朽的。爱就是一道无瑕的光芒，时刻照亮着我们的未来，让我们不惧黑暗，勇往直前。

爱，使我们心灵相通；爱，使世界不再孤单。现在就让我们伸出温暖之手，让整个世界都充满爱的阳光。

爱，生命中最真诚的守候

故事话题

一天深夜，一场突如其来的特大泥石流吞没了小山村。

次日，当救援人员循着哭声刨开泥土，掀开屋顶，发现一个光着身子，蜷缩在屋梁下的两三岁小女孩居然还活着。

救援人员赶紧将小女孩抱出来，可她死活都不肯离开，边用小手指着边哭喊起来："妈……"救援人员沿着隐约露出的一双泥手小心翼翼地往下刨，眼前现出一幅惊心动魄的画面：一个半身赤裸的女人，呈站立姿势，双手高高举过头顶，仿佛一尊举重运动员的雕塑……

女人竟是一个盲人，身体早已僵硬。救援人员将这个女人刨了出来。女孩依然哭泣不止，仍然用小手指着废墟，喊："爸……"救援队员继续刨，而女人的身下，又刨出一个昂首挺立的男人！女人正是站在男人肩上，双手高举小女孩，小女孩才奇迹般地成为这场泥石流中唯一的幸存者！

故事解析

盲人夫妇用世间最伟大的爱为孩子打开了一扇生的窗户，这也是对孩子最后的守候。世间最伟大的情感就是爱，它不需要什么华丽的包装，却足以把人深深地震撼，它不需要任何调味品，却足以把人生调制得酸甜苦辣。

爱，是深深的守候，有时候我们为了爱甚至不惜付出生命的代价。人之所以可以坚强地面对生活中的种种困难、挫折和不如意，不就是因为爱吗？有自己需要爱的人，有爱自己的人，正是这种最真诚的情感支撑着自己在人生的道路上不断前进。

有爱的人生是美满的，它就像夜晚的灯光，照亮人的心灵。人来到世界并不是单为自己而活着，人与人之间只有互相关心，互相给予，爱与真

情才会释放出绵绵不断的能量，才会焕发出勃勃的生机，

有爱的人生是丰盈的，因为有爱，我们每一分每一秒都能深刻地感受到生活的美好！

故事穿越

里克·范贝克是美国密西根州的一位工程师，他和妻子婚后不久，女儿迪妮就出生了。

这是一个多么可爱的小姑娘啊！金黄色的头发自然卷曲，圆圆的小脸蛋上闪烁着蓝宝石般的眼睛，这让夫妻俩深深地陶醉。他们不停地亲吻着迪妮的小脸蛋，憧憬着将迪妮培养成一名舞蹈家或者歌唱家，让她用优美的舞姿或者歌喉，展现自己的美丽和开心。

很快，迪妮快一岁了，可是，范贝克夫妇却发现迪妮与别的小朋友有

些不一样：她的两眼总是那样无神，对外界的反应很迟钝，她的四肢无力，甚至都无法站立起来。

范贝克赶紧带着女儿来到医院检查身体。医生告诉范贝克，迪妮得的是先天性脑瘫。这种病，现代医学暂时还无能为力。

范贝克紧紧地抱着迪妮，泪水涟涟："难道真的一点办法也没有了吗？"

医生看着范贝克停顿了好长时间，才慢慢地说道："有一种办法，那就是你要给予她更多的爱，也许会有奇迹发生。记住，爱才是一种最科学、有效的治疗方式。"

范贝克将女儿紧紧地搂在怀里，深情地说道："你是上帝派来的天使，我一定会让你快乐开心地健康成长。"

从此，范贝克每天帮女儿按摩，和女儿絮语。尽管女儿对此毫无反应。慢慢地，这位父亲发现只要将女儿带到室外不停地跑步，女儿就会露出甜甜的笑容，美丽极了。

于是，为了女儿那短暂的甜美笑容，他每天都抱着女儿在外面不停地跑。这一跑就再也没有停止过。日复一日，年复一年，范贝克的身体越来越强壮。迪妮脸上甜甜的笑容也越来越多。

从2008年起，范贝克开始带着女儿参加户外比赛训练，并为慈善机构募捐善款。他在博客中写下："迪妮这种情况驱使我去做这些，你可能称之为灵感、动力，或者其他。我称之为爱，这是一条漫长的路，前方障碍重重，但是我会越来越好。"

女儿彻底改变了范贝克的生活，由于每天都带女儿参加户外跑步，他成了一名铁人三项健将。他独创了一种铁人三项比赛跑。在自行车赛段中，范贝克用自行车拉着手推车，手推车里睡着迪妮；长跑赛段时，范贝克推着手推车前进；在游泳赛段中，范贝克把迪妮放入一艘小艇中，拖着小艇向前游。

这震撼一幕，深深感染了每一个人，人们从他的身上看到了爱的力量和强大，亲切地称范贝克为"世纪父亲"。

范贝克说，女儿是我的心，我是她的腿，我要带着她一直跑下去，永不停息……

故事微语

范贝克对女儿的爱和守护感动着所有的人，面对只有"爱"才可以治疗的疾病，范贝克付出作为父亲所能付出的所有情感，对女儿传递着浓浓的爱。同样女儿也用甜甜的笑容回馈着父亲的爱，就像范贝克所说的：爱是一条漫长的路，虽然前方会障碍重重，但是他会越来越好。

爱是最真诚的守候，是最无私的感情。只要有爱在，这个世界就是美好的，所有的贫穷、疾病、伤痛都算不上什么了。我们同样也要学会爱别人，将爱传递给别人，让这个世界因为爱而充满阳光。

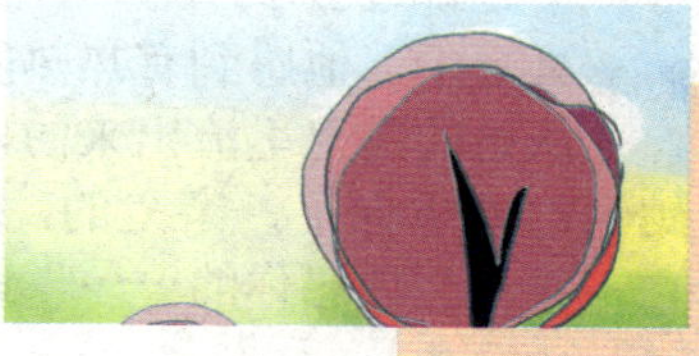

心灵箴言

爱是生命的火焰，没有它，一切变成黑夜。

—— 罗兰

爱神能征服一切，我们还是向爱神屈服吧。

——[古罗马] 维吉尔

人生下来就是为了爱；爱是人生的原则和唯一的目的。

——佚名

世界因爱而美丽

故事话题

一天，两位年迈的老人离开旅游团相互搀扶着来到山崖边上看夕阳。夕阳无限好，西天燃烧着桔红的霞光，像极了一场缤纷而下的太阳雨，溅落在山石草丛上，跳动着灿烂无比的阳光。

两位老人如醉如痴地欣赏着这无比美景，突然，她感到身边有一个东西往下坠落。她下意识地伸手一拽，拽住的正是她失足的丈夫。她拽住他的衣领，拼命往上提拉，但无论怎么努力，都无济于事。他悬在山崖上也不敢随意动弹，否则两人都会同时摔落谷底，粉身碎骨。她拽着他实在有些支撑不住。她的手麻木了，胳膊又肿又胀，仿佛随时都会和身子断裂。她意识到自己瘦弱的胳膊根本拉不住他的身体，于是她用牙齿死死咬住他的衣领……

他悬挂在山崖上，就等于把生命钉在鬼门关上，在这日薄西山的傍晚，有谁还会来到山崖上？意识到这一点之后，他说："放下吧，亲爱的……"她紧紧咬住牙关无法开口，只能用眼神示意他不要吱声。

一分钟过去了。

两分钟过去了。

十分钟过去了。

冥冥中，他感到有热热的粘粘的液体滴落在他的脸上。他敏感意识到血是从她的嘴巴里流出来的，还带着一种咸咸腥腥的味道。他又一次央求她道："求你了，亲爱的，放下我吧！有你这片心意就足够了，面对死亡，我不会埋怨你的……"她仍死死咬住他的衣领，无法开口说话，她只

能用眼神再次阻止他不要挣扎。

一小时过去了。

两小时过去了……

他感到有大颗大颗热热的液体叭哒叭哒滴落在他脸上，他知道她七窍在出血了。他肝肠寸断却无可奈何……

不知过了多长时间，旅游团的人们举着火炬找到了山崖边，终于救下了他俩。之后，她在不远的一家医院里住了好长时间。

那件事发生后。她的整个牙齿都脱落了，并从此再没有长起来，只能配了全套的假牙。他每天用轮椅推着她，走在街上，看夕阳……

故事解析

妻子用爱挽救了丈夫的生命，哪怕七窍流血也不放弃那一丝丝生的希望。爱是人性真情的流露，是人与人心灵的碰撞。只要有爱在，这个世界就是美丽的。

爱是一种神奇的力量，可以将不可能变成可能。在爱的面前，所有的自私都会变成奉献，所有的懦弱也将变成勇敢。纷扰的世界，因为有爱这种力量在，而变得无限美好。

爱，是温暖的阳光，普照着大地的每个角落；爱，是甘甜的泉水，滋润地球的一切生物；爱是天空，博大而无边；爱是大海，浩瀚而开阔；爱，是人性的至高点，是情感的交流，是灵魂的触碰。我们也要学会爱，因为爱将会让我们的生活变得更加温馨，让这个世界变得更加美好。

故事穿越

杰克和妻子驾驶着一辆满载生活用品的卡车奔驰在无边无际的热带草原上，他们要去处于草原深处的建筑公路的基地。

就在这时，突然在他们的眼前闪现出一头凶猛的狮子。卡车加大马力狂奔，试图甩掉狮子，狮子却穷追不舍。

他们越是心急，令他们恼火的事情偏偏发生：汽车陷进一个土坑，熄火了。要想重新发动汽车，必须把车子摇着。可狮子就趴在车外，虎视眈眈。

大声吼吓，抛掷东西，两个人办法施尽，狮子却丝毫没有走开的意思。无奈中，杰克拥着妻子在车里度过了漫长难耐的一夜。可是这头狮子比他们还有耐心，第二天早上，这头猛兽还守在车外。

骄阳似火，空气仿佛都在燃烧。妻子已经开始脱水了。在热带草原上，脱水是很可怕的。因为用不了多久，人就会死亡。杰克只有紧紧拥住妻子，似乎只有这样，才能不让狮子和死亡把她带走。

此时，他们的内心充满了恐惧和绝望，必须行动了，否则只能坐以待毙。杰克说："我要下去和狮子搏斗，或许可以取得胜利。"其实两个人心里都很清楚，即使他们的力量加起来也未必抵得过那头猛兽。妻子

像是在自言自语："很多人都在等我们回去……"

车外，狮子一点儿都没有对他们失去兴趣，它欲耗尽对手的生命，以延续它的生命。没有刀光剑影，生与死在沉寂中却铿锵相对。

不知过了多久，妻子轻轻地说道："我有一个办法。""什么办法？快说！"杰克多么希望听到她能把他们引向生路啊！妻子默默地伸出双手，搂住他的头，深情地凝望着，然后一个字一个字地说："你一定要把车开回去！"说着，眼里涌满泪水，杰克突然明白了妻子的所谓办法，抓住妻子的肩膀吼道："不行！不！"妻子扳开他的手，猛地推开他，打开车门，跳下去，拼命地向远方跑去。

狮子随之跃起，疾追而去。

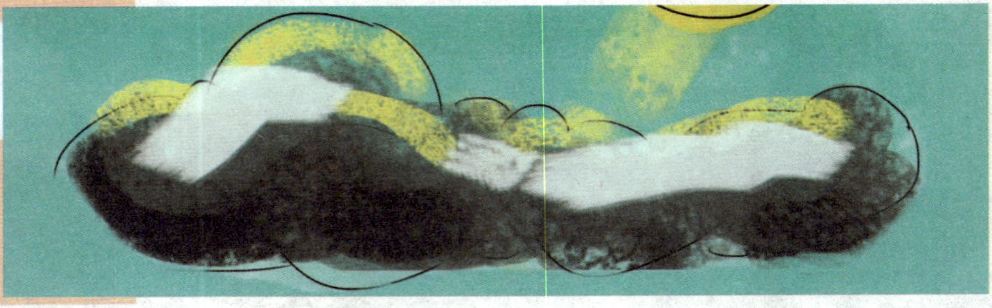

她这是将生命送进狮口，为丈夫铺设生还之路。

杰克只是觉得热血冲头，欲爆欲裂。他抓起摇把，跳下车，追向狮子。

妻子的声音从远处传来：“快把车开走！快开车！”杰克的心被撕扯着，刺扎着。他在妻子的喊声中回到车前，发动起汽车，疯了般地追向狮子。

远远地狮子撕咬着妻子的情景也撕碎了他的心。汽车猛烈地撞向狮子，那猛兽才惊慌地逃走……

故事微语

爱是世界上最美丽的语言，在生命的长河里，或许我们会遇到各种不幸，但是只要有爱在，我们的心就是温暖的。我们可能无法预料和避免灾难的发生，但是当灾难发生的时候，爱会将恐惧砸碎，产生无限的力量，指引着我们战胜困难。

如果说有什么东西可以将这世界装扮得美丽起来，那么毫无疑问这答案只能是爱，我们难以想象如果没有爱，人与人之间该是多么冷漠，这个世界该是多么的肮脏不堪……

心灵箴言

爱是美德的种子。

——[意] 但丁

人生是花，而爱是花蜜。

——[法] 雨果

爱是生命的火焰，没有它，一切变成黑夜。

——[法] 罗曼·罗兰

给予爱，才能收获更多的爱

故事话题

一位穷苦的学生为了凑足学费，到外地挨家挨户地推销商品。因为一整天都没有吃东西，又渴又饿，于是他决定硬着头皮向人讨些食物。

他敲开了一户人家的门，开门的是一个小女孩，他一看便失去了勇气，心想：天下哪有大男生跟小女孩讨东西吃的道理？于是他就和小女孩说自己只要一杯开水解渴。

小女孩看得出他非常饥饿，于是拿了一杯开水与几块面包给他。他很快把食物接过来，狼吞虎咽地吃着，一旁的她看到他这种吃法，不禁偷偷地笑了起来。又给他拿了一块三明治。

吃完后，他很感激地说："谢谢你，我应该给你多少钱？" 她笑笑说："不必啦，这些食物我们家很多，你不用客气了。"

他觉得自己很幸运，在陌生的地方还能受到他人如此温馨的照料。

多年以后，小女孩感染了一种罕见的疾病，许多医生都束手无策。女孩的家人听说有一个医生的医术很高明，找他看看或许有治愈的机会，便赶紧带她去接受治疗。在医生的全力医治和长期护理下，小女孩终于恢复了健康。

出院的那一天，护士交给她医疗费用账单，她几乎没有勇气打开来看，心中知道可能要一辈子辛苦工作，才还得起这笔医疗费用。最后，她还是鼓足了勇气打开了账单，发现自己的账单已经被人付过了，看到签名栏写着以下这段话：

"一杯水、几块面包和一块三明治，足够偿还所有的医疗费。"她眼里含着泪水，终于明白，原来主治医生就是当年的那个敲门的男孩。

故事解析

爱就在我们生活的每一个角落里，只有给予别人爱，在自己需要的时候才能收获到爱。一个自私自利，不会爱别人的人，在自己需要爱的时候，也断然不会得到爱。

生活就像是一方沃土，你播下什么，在最后就会收获什么。播下一种心态，收获一种思想；播下一种思想，收获一种行动；播下一种行动，收获一种习惯；播下一种习惯，收获一种命运。同样，只有播种爱，才能收获爱。

爱是给予，在别人需要的时候，伸出你的援助之手就是爱。爱并不复杂，我们在付出爱的时候，不要想会收获到什么，带有欲望的爱并不是真正的爱，爱是不求回报的，但是只要你播撒爱，给与别人爱，“爱人者人恒爱之”，你也终将收获更多的爱。

故事穿越

上海的一个冬夜，一名出租车司机送一位客人从浦东大道到浦西的海鸥饭店。

当车子进入一条隧道时，客人突然要求掉头，原因是他出门的时候换了衣服，忘了带钱，所以没有办法付给出租车司机打车费。看到客人的窘态，这位出租车司机倒是反过来宽慰起客人。

等把客人送到目的地后，他又送给客人 30 元返程的车票钱。其实，

原路返回只需要 17 元就可以了。回去后这位司机很快就忘记了这件事，因为这不是他第一次那样做。

几天后，打车的客人打电话给他，邀请他为自己做司机。这个客人叫龚天益，纽约银行上海分行行长。那个司机叫孙宝清，上海一个普通的打工仔。

故事微语

马克思曾经说过：只有爱才能播种出爱。所有人都可能会遇到麻烦和困难，我们要尽己所能地帮助别人，因为只有适时地给与别人爱，才可以收获到别人的爱。

播撒爱的事情无处不在：我们可以扶老奶奶过马路，可以帮助成绩较差的同学赶上功课，可以给生病的同学一声真挚的问候……当我们认真地播散我们的爱的时候，我们也将会被大家所喜爱。

心灵箴言

爱之花开放的地方，生命便能欣欣向荣。

——[荷] 凡·高

希望被人爱的人，首先要爱别人，同时要使自己可爱。

——[美] 富兰克林

爱别人，也被别人爱， 这就是一切， 这就是宇宙的法则。为了爱，我们才存在。有爱慰籍的人，无惧于任何事物，任何人。

——[法] 彭沙尔

一份心意一份爱

故事话题

在中国偏远的小山村有一个小学，小学里仅有一位老师和二十几位学生。老师很爱自己的学生，毅然放弃了大都市任教的前途，来到这里教育这几十个孩子，每天兢兢业业，但是有时候也不无感伤：这里太贫穷太落后了……孩子们一直很感动老师对自己的付出，因此学习也特别的刻苦和努力。

秋天来了，山上的野菊花都开了，远远地看上去漂亮极了，有一天老师的办公桌上摆着一个小瓶子，小瓶子里插满了鲜花。在瓶子的底下还压着一封信。老师打开信：亲爱的老师，我们爱你，花是我们大家一起采的，也是我们大家的心意，希望老师每天的笑容和花儿一样美丽。

滚烫的泪水缓缓地滑下了老师的脸庞……

故事解析

老师收到的野花虽然不值钱，但这确实是学生们的一份心意，是对老师浓浓的爱。老师的感动溢于言表。

有时候，我们的一份心意就能表达我们的爱，当父母累了的时候，替他们揉揉背、捶锤肩可以表达我们的爱。当同学的家庭出现困难的时候，把我们储蓄罐里的钱贡献出来可以表达我们的爱。当朋友过生日的时候，奉上一份亲手做的小蛋糕可以表达我们的爱。爱是可以在小事来表达的，并不是所有的爱都是惊天动地的。

我们在平时要多为别人奉献一份爱，多传递一份自己真挚的情谊，尽己所能地爱护别人、关心别人。有时候爱的表达可以是一句话、一个微笑、一束鲜花，这时你并没有损失什么，却给别人带来了温暖，让世界充满了阳光。

故事穿越

杰克的家里出现了火灾，现在已经一无所有，老师号召班里的同学为他捐款。班长把自己所有的零用钱58美元捐了出来，随后，露丝捐了35美元，丽莉捐了40美元，大家都纷纷开始捐献自己的零用钱，有的孩子甚至把自己最喜欢的玩具带来送给杰克。

到最后，只剩下班里最穷的孩子奔还没捐款，大家都知道他父母残疾，家里的情况并不比杰克好，于是默默地准备收起捐款箱，这时候奔却站了起来，小声地说：我也有捐款。

在大家诧异的眼光中，奔走到捐款箱面前，捐下了80美分，并说：这是昨天我得知杰克家的火灾后，帮助邻居约翰叔叔除花园里的杂草得来的，是我的一份心意。大家鼓起了热烈的掌声，奔在大家的掌声中抬起了一直低着的头……

故事微语

所有的心意都表达着爱，无论价值高与低。爱心是无价的，每一份爱心都是值得称颂的。我们或许不能给别人太多的帮助，但是力所能及地帮助别人度过困难是一件值得令人兴奋的事情。

没有人的人生是一帆风顺的，在别人遇到困难的时候，我们可以适时适度的施以援手就是一份爱的表现。举手之劳，却可以温暖一个人的心。

心灵箴言

一切真挚的爱，是建筑在尊敬上面的。

——白金汗

爱就是充实了的生命，正如盛满了酒的酒杯。

——[印] 泰戈尔

一个人有再大的权力、再多的财富、再高的智慧，如果没有学会去关怀别人、去爱别人，那他的生命还有多少意义呢！

——温世仁

爱的国度才能贮存幸福和开心

故事话题

从前有一位国王，他有一个他极疼爱的儿子。因为父王的疼爱与权力，这位王子可以不费任何力气就能得到一切他想要的东西，但是他仍常常眉头紧锁，面容戚戚。

有一天，一位道人走进王宫，对国王说，他有方法可以使王子开心，能把王子的愁容变成笑容。国王听了大为高兴，对道人说："如果你真的能办到这件事，你要求的任何赏赐，只要我能做到的我都可以答应你。"

于是道人将王子领入一间密室中，用一种白色的东西在一张纸上涂了一些字迹。他把那张纸交给王子，让王子走入一间暗室，然后燃起蜡烛，注视着纸上呈现出的东西。然后道人就离开了。

这位年轻的王子遵意而行，在烛光的映照下，他看见白纸上面浮现出绿色的光芒，变成一行文字："每天为别人做一件善事"。王子遵照道人的劝告，每天都力所能及地帮助别人做点事情，很快就成为王国中最开心的少年。

故事解析

王子之所以不开心是因为他还没学会如何爱别人，只有学会爱别人、帮助别人的时候，才能真正体会到什么是幸福和开心。幸福，是一种感受，是一种发自内心的开心。而一个自私的人是不会开心的。

当别人有困难时，我们要尽己所能帮助他。当别人忧郁的时候，我们热情地开导一下他。当别人取得成绩的时候，我们同样也真心地为他高兴。这些都能让我们感觉到开心和幸福，因为此时我们正在付出爱。

现在我们中的很多人不是同样也在遇到这样的困惑吗？在满足物质生活以后，我们仍然感觉不到幸福和开心，那么，就让我们学会如何爱自己、爱别人吧！这样我们就能和故事里的王子一样找回幸福和开心。

故事穿越

有一位七十多岁的女人，原本生活得十分富足开心，但是在丈夫去世不久，她的儿子又坠机身亡。她被悲伤和自怜的情感所包围，久而久之得了忧郁症，甚至产生了自杀的念头。

村里的一位智者知道她的情况后，劝她去做些能使别人开心的事情。

一个七十多岁的人能做些什么呢？她过去喜欢养花，但自从她的丈夫和儿子去世后，花园就荒废了。

她听了智者的劝告后，开始修整花园，撒下种子施肥灌水。在她的精心照料下，花园里很快就开出了鲜艳的花朵。

从此，她每隔几天便将亲手栽培的鲜花送给邻居和附近医院里的病人。她给邻居和医院里的病人送去了爱心和温馨，换来了一声声的赞美。这些美好的感激轻柔地流入她的心田，使她也变得开心起来，久而久之竟治愈了她的忧郁症。她还经常收到病愈者寄来的卡片和感谢信。这些卡片和感谢信帮助她消除孤独感，还结交了很多朋友，这让她重新获得人生的幸福和喜悦感。

故事微语

一颗温柔的爱心是我们最大的财富。我们在给予他人以爱、同情和鼓励的同时，我们本身却并未因为给予而有所损失，只会由于给予而获得更多。我们把爱、同情、善意给予他人的越多，我们得到的越多，我们所感受到的开心和幸福也就越多。

一个人只有在爱的国度里，才能称得上开心与幸福。我们只有奉献我们的爱，才能称之为幸福的人，只有爱别人才能被人爱，一个自私自利、不懂得爱别人的人最终也不会得到幸福。

心灵箴言

爱可以战胜一切。

——[希腊] 希尔泰

爱能使伟大的灵魂变得更伟大。

——[德] 席勒

爱是不会老的，它留着的是永恒的火焰与不灭的光辉，世界的存在，就以它为养料。

——[法] 左拉

第五篇

守护爱，留住心灵的守望

世间的“爱”是永恒的，而不可消逝的。所有的惊人举动,都有爱的力量,没有爱,就没有一切。甘愿给社会付出真情和爱的人，是最幸福的人，因为幸福总是偏爱那些热爱生活而乐于奉献的善良的人。

我们要守护住爱，当别人爱我们的时候，也学会用爱来回馈，如果我们总是一味的收获爱，而不会守护爱，那么“爱”总有一天也会消逝，只有守护爱，才能留住心灵的守望，做个永远幸福的人。

信任，产生爱的源泉

故事话题

公元前4世纪，意大利的一个叫尼古拉斯凯奇的小伙子触犯了暴虐的国君犹奥尼索司，被判处绞刑。身为孝子的他请求回家与老父老母诀别尽尽孝道，可是这始终得不到暴君的同意。

在这时，他的朋友莎朗斯通愿意代他服刑，并同意："尼古拉斯凯奇若不能如期赶回，我愿意替他临刑。"这样，暴君才勉强应允。

行刑之期临近，尼古拉斯凯奇却杳无踪迹，人们都嘲笑莎朗斯通，竟然傻到用生命来担保友情！莎朗斯通被带上了绞刑架，人们都悄无声息地等待悲剧时刻的到来。

突然，远方出现了尼古拉斯凯奇，飞奔在暴雨中的他高喊："我回来了！"进而热泪盈眶地拥抱着莎朗斯通做最后的诀别。

莎朗斯通说："我知道你会回来的，我知道的。"

这时，所有的人都在拭泪，他们被尼古拉斯凯奇和莎朗斯通这真挚的友情所感动。暴君也感动了，并且出人意料地特赦了尼古拉斯凯奇，他说："我愿倾己所有来结识这样的朋友。"

故事解析

信任是人与人之间沟通交流的一座坚实的桥梁，是巩固情感的基础，是浇灌爱的源泉。

如果没有信任，那么整个世界便会瞬间坍塌。人与人之间的沟通就变得困难而虚伪，任何情感都显得那么不稳定，仿佛是一座偷工减料的豆腐渣建筑，轻轻一推，就轰然倒塌；如果没有信任，那么爱也就变得岌岌可危了，没有信任的爱是不完整的。

没有信任的爱终也终将会干涸，人和人之间的感情也会变得冷漠，只有信任才能将爱浇灌，让爱发芽，进而长成参天大树，硕果累累。

故事穿越

一名曾特别喜欢小偷小摸的少年，突然决心改过自新，可他发现自己屡遭他人白眼，连改过的机会都没有，这让他感觉十分的郁闷和难过。

一次，他在小区内散步，遇上位大爷，大爷招呼他坐下，正欲点烟，却发现未带打火机。“我家的门没锁，你能去我家帮我把打火机吗拿来吗？”大爷对他说道。

他去大爷家将打火机拿来。两人一块愉快地交谈起来。他很感动地发现自己还是可以被人信任的，被人信任的感觉特别的温暖。于是，从此他改过自新，不再做小偷小摸的事情，而且力所能及地帮助别人，并且最终成为了一名警察。

故事微语

信任可温暖人心，正如那名少年，在他人的信任下，重新拾起了对生活的热爱，最终走上了正轨。信任是一种优秀的品质，可以改变人与人之间的关系，可以让自己变成值得别人爱的人，也会让大家更爱生活和社会。

其实有很多时候，别人并没有做什么，只是我们自己的心灵因为受过伤或者其他而变得多疑。在这个复杂的世界里，让自己变得简单一点，把别人看得简单一点，就是一种深层的信任。我们应该给别人以信任，只有这样，爱才能经久不息。

心灵箴言

爱的最好证明就是信任。

——[美] 乔依丝·勃勒泽斯

爱的最好证明就是信任。

——[美] 乔依丝·勃勒泽斯

信任是友谊的重要空气，这种空气减少多少，友谊也会相应消失多少。

——[英] 约瑟夫·鲁

互助让幸福之花香飘四溢

故事话题

有一天黄昏，洪水如暴虐的猛兽一般，把江堤撕开了一个大口子。一个小垸子成了一片汪洋泽。

清晨，受灾的人们三三两两聚在堤上，凝望着水中家园。

忽然，有人惊呼："看，那是什么？"

一个黑点正顺着波浪飘过来，一沉一浮的，像一个人！有人跳下水去，很快就靠近了那个黑点，但见他停了一下，掉头便往回游，转瞬上了岸。

"一个蚁球。"那人说。

"蚁球？"人们不解。

"蚁球这东西，很有灵性。"一个老者解释说，"六九年发大水，我也见过一个，有篮球那么大。洪水来时，一窝蚂蚁迅速抱成团，随波漂流。只要蚂蚁能靠岸，或者碰上一个漂流物，蚂蚁家族就能得救了。"

说话间蚁球正飘过来，越看越近，看清了：一个小足球大的蚁球，黑黑乎乎的蚂蚁密密匝匝的紧紧抱在一起，一阵风浪过后不断有小团蚂蚁被浪头打开，像铁器上的被腐蚀的油漆片儿一样剥离开去。

人们看得惊心动魄。

蚁球靠岸了。蚁球一层层散开，像打开的登陆艇。蚁群迅速而秩序井然地一排排冲上堤岸，胜利登陆了。岸边水中仍留下了不小的一团团的蚁球，那是英勇的牺牲者，它们再也爬不上来了，但它们的尸体，仍然紧紧抱结在一起。

故事解析

蚂蚁们在洪水来临的时候团结互助才保障了生命，我们人类不也是如此吗？只有在互帮互助的情况下才能获得更好的生活、更多的幸福。

俗话说："一个人的力量是有限的，只有把大家的力量全部团结起

来，才能产生无穷的力量。”有人曾做过实验：折断一支筷子是相当容易的，但是同时折断三支以上的筷子确实相当不容易。这就是团结互助的力量。

团结互助是一种力量，一个人要想成功，除了自身要有较高的素质，还必须要有能够同别人合作的精神。一个只知道蛮干而不懂得互助的人是不会成功，也不会得到幸福的。

故事穿越

非洲犀牛的身体非常庞大，而且四肢粗壮，皮肤坚硬，体重可达1500千克，头上长着两只奇怪的角，一前一后，前大后小。大角有90厘米长，顶起架来，任何猛兽都不是它的对手。这样一位蛮横凶猛的家伙，居然也有一位知心的小朋友——犀牛鸟。说来也怪，和其他动物都格格不入的犀牛，却可以和犀牛鸟和和睦睦的朝夕相处。

原来，犀牛的皮上有许多皱褶，其中的皮肤非常娇嫩，神经、血管密布其间，加上它喜欢在水泽泥沼中生活，时间久了，皱褶里就钻进了各种寄生虫，叮咬它的皮肤，导致它疼痒难忍。停歇在犀牛背上的犀牛鸟，嘴巴尖长，身披黑羽。它们结成小群，无拘无束地在犀牛背上走来跳去，不

停地在犀牛的皮肤皱褶处觅食小虫，有时它还会毫不客气地爬到犀牛的嘴巴或鼻尖上去，犀牛也不会生气。犀牛之所以对犀牛鸟这样客气，是因为它在为自己捉拿寄生虫。

犀牛眼睛很小，视力很差，听觉也不十分灵敏。所以每当发现险情时，犀牛鸟便会立即向自己的伙伴发出警报，先是跳到它的背上，然后飞起来，大声啼叫并在上空盘旋。这时候犀牛就知道危险来临了，然后迅速采取行动逃跑或者准备战斗。所以有人又把犀牛鸟称为犀牛的“警卫员”。

故事微语

犀牛和犀牛鸟的互助让它们都得到了幸福：犀牛有了自己专属的“警卫员”，而且还避免了被寄生虫的叮咬；犀牛鸟也有了足够的食物可以填饱肚子，可以说是两全其美的好事。

我们的人生中不是也有很多这样的事情吗？我们在帮助别人的同时也是在帮助自己，就像爱默生说的：“人生最美丽的补偿之一，就是人们真诚地帮助别人之后，同时也帮助了自己。”

我们只有互帮互助才能更加开心和幸福，当别人遇到困难的时候，不要吝啬你的关心和帮助，当你遇到困难的时候，别人才会义无返顾地来帮助你。

心灵箴言

本互助博爱之精神，谋团体永久之巩固。

——孙中山

单个的人是软弱无力的，就像漂流的鲁滨孙一样，只有同别人在一起，他才能完成许多事业。

——叔本华

一滴水只有放进大海里才永远不会干涸，一个人只有当他把自己和集体事业融合在一起的时候才能最有力量。

——雷锋

理解，用爱搭起心的桥梁

故事话题

一名老板在门上订了一个广告，上面写着“出售小狗”。这信息显然把附近的孩子们吸引住了，一名小男孩也出现在老板的广告牌下。

“小狗卖多少钱呢？”他问道。“30 至 50 美元不等”。小男孩从口袋掏出了一些零钱，“我有 12.73 美元，请允许我先看看它们好吗？”

老板笑了笑，吹了声口哨，一名负责管理狗舍的女士便跑了出来，她身后跟着 5 只毛茸茸的小狗。其中一只远远的落在了后面，慢腾腾地跑着。

小男孩立即发现了落在后面一瘸一瘸的小狗：“那小狗有什么毛病吗？”老板解释说：“这只小狗没有髋骨臼，所以它只能一瘸一瘸的走路。”小男孩说：“就是这只狗，我要买它。”老板说：“你用不着花钱，如果你真的想要的话，我就把它送给你了。”小男孩十分生气，他瞪了老板一眼：“我不需要你把它送给我。那只狗和其他的狗的价值应该是一样的，我会付你全价的。我现在就付给您 12.73 美元，以后每月付 50 美分，直到付完为止。”老板劝说道：“你真的用不着买这只狗，它根本不可能像别的狗那样又蹦又跳地陪你玩儿。”

听了这话，小男孩弯下腰，卷起裤腿，露出了他一只严重畸形的腿。他的左腿是瘸的，靠一个大大的金属支架撑着。男孩轻声地说：“是的，和这只小狗一样，我自己也跑不好，那只小狗需要有一个能理解它的人。”

故事解析

理解是慈悲者盛开在心间的花朵，自己变得更加高尚，也给别人带来了怡心之美。身体残疾的小狗需要被理解，“自己也跑不好”的小男孩也需要理解。谁都渴望被人理解。被人理解，就像在无助时别人伸给你的有力臂膀；被人理解，犹如在你心灵饥渴时为你注入的一缕清泉。

现代社会，人们的交往越来越频繁，地球也随之变成了地球村，而在这样一个多元的社会中，人与人之间存在着巨大差异，心与心之间横亘着看不见的墙，有许多人成了心灵世界里的孤独猎手，有一些人在拥挤的人群中感觉到了窒息和挤压感，有许多人觉得心灵是一片沙漠，看不到生活的亮色……只有理解，才能消除隔阂与歧见；只有理解，才能让心灵的压抑感得到释放：只有理解，才能走向沟通和团结。只有理解，才能用爱搭起心的桥梁。

不要只是渴望别人理解你，你也要试着去理解别人。主动给别人以理解，就像为心灵盛开美丽，纯净，热烈而馨香四溢的花朵。这种馨香，不仅会感染别人，也能够陶醉自己。

有一位老花匠在院子里种了一棵葡萄，夏末秋初，辛勤的照顾着葡萄树，收获的季节到了，葡萄个个晶莹饱满令人垂涎欲滴，他便准备摘一些送给邻居品尝。

当他送给一位商人时，商人一边尝一边说：“的确不错！挺甜的，多少钱一斤？我多买些。”花匠觉得自己的好意被亵渎了，于是拿着葡萄走开了。

之后便又把葡萄送给一位干部，那干部接过葡萄后沉吟良久，问：“你有什么事要我帮忙吗？”花匠觉得自己的良好心愿被侮辱了，于是又拿着葡萄走了。

第三次，老花匠把葡萄送给一位少妇，她诚惶诚恐，吓得直摆手拒绝，而她的丈夫则在一旁以警惕的眼光看着老花匠……

花匠回到家感觉很纳闷，自言自语地说道：我只想让大家尝尝鲜，怎么会产生那么多的误解？

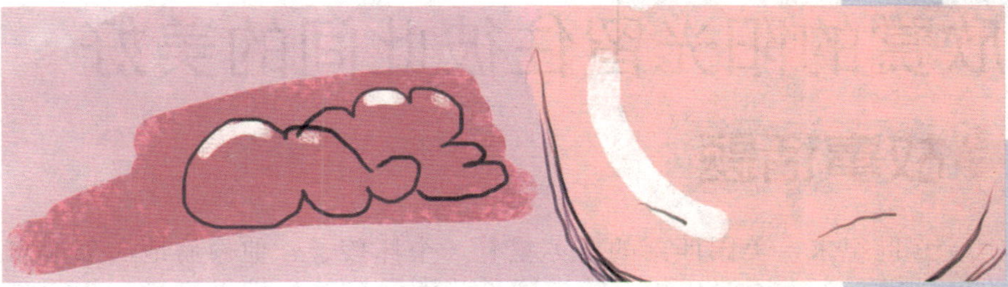

故事微语

一番好心因为不被理解，这使花匠失望、痛苦，他这种善意的行为在别人的眼里成了世俗的交换或别有企图，怎能不让人心有不爽？如果你是这个好心的花匠，心里会是什么滋味？因此，在与人交往中，我们一定要多给他人一些理解，多做一些换位思考，以辩证的观点去分析问题。这样，我们的生活中就会少一些误解，多一些理解；少一些伤害，多一些美好。

被别人理解是一种幸福，理解别人也是一种幸福，这样就会让你在人际交往中散发出无穷的魅力。一个善于理解学生的老师，总是能够受到学生的爱戴，一个善于理解老师的学生，也总能够得到老师的器重，在这里，理解就是改善师生关系的一种良方。在班级里，你对同学在某些情境下的言行多一些理解，同学就会对你多一份信任和感激，在这里，理解就是一把钥匙。在家里，你理解父母的生活、经济乃至心理压力，父母就会感觉到一种温情盈溢在胸，反过来也会更加关爱你，对你学习、交友、心理也多一些理解，在这里，理解是让亲情更浓、使亲子关系更和谐的黏合剂。所有理解与被理解的人也就都幸福了。

心灵箴言

理解绝对是养育一切友情之果的土壤。

——[美] 威尔逊

我们平等的相爱，因为我们互相了解，互相尊重。

——[俄] 托尔斯泰

如果人们不会互相理解，那么他们怎么能学会默默地相互尊重呢?

——[苏联] 高尔基

欣赏的阳光留住彼此间的美好

故事话题

19 世纪末，美国西部的密苏里有一个坏孩子，他偷偷地向邻居家的窗户扔石头，还把死兔子装进桶里放到学校的火炉里烧烤，弄得臭气熏天。

他 9 岁那年，父亲娶了继母，父亲告诉她要好好注意这孩子，尽量离这孩子远一点。继母好奇地走近这个孩子。当她对孩子有了了解之后说：“你错了，他不坏，而且很聪明，只是他的聪明还没有得到发挥。”

继母很欣赏这个孩子，同时，因为欣赏她和这个孩子成为了知心朋友，在她的引导下，这孩子的聪明找到了发挥的地方，后来成了美国当代著名的企业家和思想家。这个人就是戴尔•卡内基。

故事解析

戴尔·卡内基得到了继母的欣赏，最终和继母成为了很好的朋友。这个在别人眼里的坏孩子最后也成为了著名的企业家和思想家，相信这是所有的人难以置信的。

软弱怯懦者只会去羡慕他人，自高自大者只会目中无人，心胸狭隘者总是排挤他人，平庸无能者总是忌妒他人，孤芳自赏者总是鄙弃他人。他们都没有一双慧敏的善于发现与欣赏的眼睛，灵魂的宫殿太狭窄，没有设置容纳他人的座椅。这是他们修养的欠缺，人生的大遗憾。

欣赏他人是人生的雅量，是我们应该具有的品德，欣赏他人需要我们的胆识和勇气，同时欣赏别人还可以获得真正的感情。欣赏是一种发现，没有欣赏怎能发现！一味地对他人指指戳戳，批评攻讦，怎能发现他人的优点与美德？只有对他人的善意、原谅与宽容，抿嘴一笑，才有发现，才能相知，才能走进他人灵魂的深宫，欣赏到他人灵魂的真诚与璀璨。

对别人加以欣赏，你就享受了人世间所应有的开心，让灵魂的荒漠渗出汪汪清泉，盛开出妩媚的花朵！

故事穿越

台湾作家林清玄又一次去一家羊肉馆用餐，老板对他说：“你还记得我吗？”林清玄迟疑地看了一下老板，然后说：“记不起来了。”

老板拿来一张20年前的旧报纸，那里有林清玄的一篇文章，那时的他还在一家报社当记者。这是一篇关于小偷的报道，小偷手法高超，作案上千次，次次得手，最后栽在一个反扒高手的手上。文章的最后还感叹道：“像心思如此细密，手法如此灵巧的小偷，做任何一件事情都会有成就的吧！”

老板告诉他：“我就是那个小偷，是你的这段话引导我走上了正路。”

故事微语

林清玄从小偷身上都能发现可以欣赏的地方，连小偷也能在欣赏的引导下走上正路，我们的周围还有什么人是不能被欣赏、不能被引导呢？

学会欣赏别人吧！欣赏你的同学，你和同学之间的关系会更加亲密；欣赏你的朋友，你们的友情会更加深厚……

欣赏他人，就是对他人的赞赏、认同和接纳，我们在欣赏他人的同时还可以取长补短，完善自己。一口方塘容不得更多的水，多了就会溢出来，甚至可能会决堤，大海却可以容纳百川，是因为它有足够的豪情与气度。

可以做到欣赏他人的人一定不自卑，不自负，不傲慢，不狭隘，不卑鄙丑陋，也不会以小人之心度君子之怀。当你以大度优雅的态度，客观地欣赏他人时，你的人生之花就会因融入了百花园而变得缤纷绚烂，多姿多彩，且永不凋零。

心灵箴言

懂得欣赏别人的人，一定会被别人欣赏。赞美是美德的影子。

——[英] 塞·巴特勒

一般而言，一个善于欣赏别人的人，必是一个丰富的人；一个被别人欣赏的人，必是一个出色的人。

——汪国真

欣赏别人需要爱心，被人欣赏需要魅力。智者尊重所有人，因为他知道人各有所长，也明白成事不易。学会欣赏所有人会让你受益无穷。称赞不但对人的感情，而且对人的理智也起着很大的作用。

——[俄] 列夫·托尔斯泰

善良，一颗温暖心灵的种子

故事话题

有一位单身女子刚搬了家，她发现隔壁住了一户穷人家：一个寡妇与一个小孩子，而且家里的摆设都极为简陋。

有天晚上，整个小区忽然停了电，那位女子只好自己点起了蜡烛。没一会儿，忽然听到有人敲门。原来是隔壁邻居的小孩子，她于是问：黑灯瞎火的，有什么事情吗？只见他紧张地问：“阿姨，请问你家有蜡烛吗？”

女子心想：“他们家竟穷到连蜡烛都没有吗？千万可别借他们，免得这次借给他们了，反而被他们依赖了，以后可就麻烦了！”于是，对孩子吼了一声说：“我刚搬来，什么也没有，你到别处去借吧！”

正当她准备关上门时，那穷小孩展开关爱的笑容说：“我就知道你家一定还没来得及买蜡烛！”说完，竟从怀里拿出两根蜡烛，说：“妈妈和我怕你没有蜡烛，一个人住在这里害怕，所以我就带来两根送给你。”

此刻女子自责、感动得热泪盈眶，打开门将那小孩子紧紧地抱在怀里。

故事解析

善良的小孩子温暖着人心，感动了邻居，也感动了我们。善良是一个人最可贵的品质，是人与人之间最真挚的情感。人与人之间最令人振奋的莫过于坦诚相交，而最容易让人产生美感的就是人心的善良了。

善良的人总是开心的，因为他只看到世间万物的美好，而阴暗的人是不会开心的，因为他只看到世间万物的丑恶。善良是一种智慧，是一种远见，是一种自信，是一种精神的力量，是一种精神的平安，是一种以逸待劳的沉稳。同样也是一种文化，是一种开心，和一种乐观。

善良可以使人美丽，美好的品行可以帮你塑造良好的形象。你所有的所作所为，动人之处都会存在心里，点点滴滴积累起来，慢慢地令你全身透出可亲、动人和美丽的光芒，充满迷人的魅力。

每个人都需要一颗善良的

心，因为善良可以滋生的宽容、大度、淡泊的情怀，因此我们的世界就会变得更加的美好。

这世界并不缺少爱，却缺乏感恩的心。当一个人的心是善良的时候，一切尘世间的烦恼、纷争和误解都将灰飞烟灭，化作一种春风化雨般温润我们的心灵，帮助我们通往幸福的彼岸。

故事穿越

顾荣在洛阳时，应别人的邀请去赴宴。在宴席上，他发觉烤肉的下人脸上显露出对烤肉渴求的神色，显然是很想吃几块。

于是他拿起自己的那份烤肉，让下人吃。同席的人都耻笑他有失身份，竟然把自己的烤肉送给一个下人吃。

顾荣说：“一个人每天都烤肉，怎么能让他连烤肉的滋味都尝不到呢？”

后来战乱四起，晋朝大批人渡长江南流，顾荣也在南流的队伍之中。每当顾荣遇到危难的时候，就会有一个人在顾荣左右保护他。

于是顾荣感激地问他原因，才知道他就是当年端送烤肉的仆人。

故事微语

顾荣对他人的善良，温暖了仆人的心，最后结成了两人深厚的情谊。心怀善良的人，总在播撒阳光，温暖着人心。

善良之人的心是滚烫的，情是火热的，可以在冬天驱赶严寒，雾天扫除阴霾。善意可以产生善行，每天同善良的人接触，智慧的门也就可以轻松得到开启，情操变得高尚，灵魂变得纯洁，胸怀更加宽阔。正如美国作家马克·吐温称善良为一种世界通用的语言，它可以使盲人“看到”、聋子“听到”。

一个人如果善良，生活也不会亏待于他。我们要做一个善良的人，真心实意地为别人着想，这样在自己遇到困难的时候，别人也会尽力来帮助自己。

心灵箴言

灵魂最美的音乐是善良！

——[法] 罗曼·罗兰

如果说美貌是推荐信，那么善良就是信用卡。

—— 佚名

善良的、忠心的、心里充满着爱的人不断地给人间带来幸福。

——[美] 马克·吐温

心灵榜样微史话

史蒂芬·威廉·霍金

史蒂芬·威廉·霍金，英国剑桥大学应用数学、理论物理学系教授，当代最重要的广义相对论和宇宙论家，被称为“宇宙之王”。70 年代他与彭罗斯一起证明了著名的奇性定理，为此他们共同获得了 1988 年的沃尔夫物理奖。因此还被誉为继爱因斯坦之后世界最伟大的物理学家。

1963 年史蒂芬·威廉·霍金被诊断患有肌肉萎缩性侧索硬化症，当时医生诊断他只能活两年，他虽然顽强地活下来，但全身逐渐瘫痪并失去了说话能力。他被禁锢在一把轮椅上达 50 年之久，他却身残志不残，克服了残疾之患而成为国际物理界的超新星。他不能写，甚至口齿不清，但他超越了相对论、量子力学、大爆炸等理论而迈入创造宇宙的“几何之舞”。尽管他只能无助地坐在轮椅上，他的思想却使人们遨游到广袤的时空，解开了宇宙之谜。

海伦·凯勒

海伦·凯勒（1880—1968），19 世纪美国女作家、教育家、慈善家、社会活动家。1964 年荣获“总统自由勋章”，次年被美国《时代周刊》评为 20 世纪美国十大英雄偶像之一。主要著作有《假如给我三天光明》《我的生活》《再塑生命》等。

《假如给我三天光明》是海伦·凯勒的代表作。该书的前半部分主要写了海伦变成盲聋人后的生活，后半部分则介绍了海伦的求学生涯。同时也介绍她体会不同的丰富多彩的生活以及她的慈善活动等等。她以一个身残志坚的柔弱女子的视角，告诫身体健全的人们应珍爱生命。她被授予了“总统自由奖”。此外，本书中收录的《我的人生故事》是海伦·凯勒的自传性作品，被称为“世界文学史上无与伦比的杰作”。

杏林子

杏林子，原名刘侠（1942—2003）。台湾知名作家，静宜大学荣誉博士。内政部伤残服务中心顾问兼义工组组长；台北市南机场社区发展实验中心辅导；伊甸残障福利基金会创办人；中华人民共和国残障联盟创会理事长。

杏林子在患病期间依然表现出对生命的的强烈热爱，她生前说过：“除了爱，我一无所有。”

一次，杏林子病情恶化，.她的朋友台湾另一位著名女作家三毛来探望她。杏林子在病床上被病痛折磨的样子，在三毛看来都觉得不堪忍受，以至于三毛探视完杏林子后，在门外忍不住祈祷说：“神啊，杏林子太惨了，求您大发慈悲，早些接她到您那里安息吧！”

杏林子听到后大吃一惊，连忙也作修正祷告：“神呀，关于这件事您千万不要听三毛说，您还是听我的吧。我还没活够，我还有好多事还没做呢。”后来，她用她的坚韧走完了她 63 岁的人生。

黄美廉

黄美廉 1964 年出生于台南，父亲是位牧师。出生时由于医生的疏忽，造成她脑部神经受到严重的伤害，以致颜面四肢肌肉都失去正常作用。她不能说话，嘴还向一边扭曲，口水也不能止住的流下。14 岁时，她全家移民到美国，进入洛杉矶市立大学就读，之后转至洛杉矶加州州立大学艺术学院，如今已取得艺术学博士学位，成为画家和作家。

由于不能通过语言正确地表达自己的意思，每一次演讲，黄美廉女士总是以笔代嘴，以写代讲，所以，人们又亲昵地称她为“写讲家”。就是这位“写讲家”，在台南市的一次演讲中，一位学生问黄美廉女士说：“黄博士，您从小就长成这个样子，您会认为老天不公吗？在人生的旅途上，您有没有怨恨？”这时，她向人们讲出了经典的语言：我只看我所有的，不看我所没有的……

华罗庚

华罗庚（1910—1985），汉族，籍贯江苏金坛，祖籍江苏省丹阳。世界著名数学家，中国科学院院士，美国国家科学院外籍院士，第三世界科学院院士，联邦德国巴伐利亚科学院院士。中国第一至第六届全国人大常委会委员。

1929 年冬天，华罗庚得了严重的伤寒症，经过近半年的治理，病虽好了，但左腿的关节却受到严重损害，落下了终身残疾，走路要借助手杖。但是之后华罗庚凭借坚强的意志创下了一系列不可思议的成绩。华罗庚是中国解析数论、矩阵几何学、典型群、自守函数论与多元复变函数论等多方面研究的创始人和开拓者，也是中国在世界上最有影响力的数学家之一，被列为芝加哥科学技术博物馆中当今世界 88 位数学伟人之一。国际上以华氏命名的数学科研成果有“华氏定理”“华氏不等式”“华—王方法”等。

童第周

童第周（1902—1979），浙江省鄞县人，是享誉海内外的卓越的生物学家、教育家、中共党员。生前曾担任过中国科学院副院长、动物研究所所长。1927 年毕业于复旦大学哲学系，1927—1930 年任国立第四中山大学自然科学院生物系助教，后长期在山东大学任教，1951 年任山东大学副校长。他是卓越的实验胚胎学家，中国实验胚胎学的主要奠基人，20 世纪生物科学研究的杰出领导者。

童第周因为家境贫困耽误了学业，直到 17 岁，才进了宁波师范预科。可是第一学期考试成绩总平均分没有及格，强烈地打击了童第周的自尊心，于是他发誓，一定要把成绩赶上去。童第周坚持顽强的学习，终于取得了好成绩。在进入上海复旦大学以后，他更加勤奋学习，临近毕业时，他已经成为生物系的高材生了。童第周认识到，世界上没有天才，天才是用劳动换来的。要攀登生物学的高峰，需要付出更艰苦的劳动。之后又取得了一系列的优异成绩。

朱自清

朱自清（1898—1948），原名自华，号秋实，后改名自清，字佩弦。原籍浙江绍兴，生于江苏东海，长大于江苏扬州，故称“我是扬州人”。北京大学毕业，曾任清华大学中文系教授、系主任。现代散文家、诗人、作家、学者、民主战士。文笔清新，所著合编为朱自清全集。为中国现代散文增添了瑰丽的色彩，为建立中国现代散文全新的审美特征创造了具有中国民族特色的散文风格。散文有《春》《绿》《背影》《荷塘月色》《匆匆》等。

朱自清的清廉爱国，赢得了毛泽东同志的高度评价。他在《别了，司徒雷登》一文中写道："闻一多拍案而起，横眉怒对国民党的手枪，宁可倒下去，不愿屈服。朱自清一身重病，宁可饿死，不领美国的救济粮。""我们应当写闻一多颂，写朱自清颂，他们表现了我们民族的英雄气概。"

朱起凤

朱起凤（1874—1948），字丹九，海宁袁花人。训诂学家，毕生研究文字训诂学，主要著作有《辞通》。

朱起凤出身书香门第，聪明过人，13 岁能即席吟咏，15 岁应童子试入选。17 岁拜海盐名儒徐麟石为师，第二年补廪生。历任硖石米业学堂和国学专修馆教员、硖石图书馆馆长。

初，光绪年间，朱起凤外祖、翰林吴浚宣掌教海宁安澜书院，嘱朱起凤代阅课卷。后有份课卷中用成语"首施两端"，起凤疑为笔误，加批语"当作首鼠"。实则"首施"源出《后汉书》。卷发后，合院大哗。经此教训，起凤发愤苦读，凡遇别体异文，随手摘记。从光绪二十二年年开始，孜孜矻矻，历时 30 余年，易稿 10 数次，终于在 1930 年汇成巨著。其后 10 余年间，起凤锲而不舍，继续编写《辞通续编》，已成五六十万字。可惜未及整理，就与世长辞。另著有《字类辩证》《古欢斋杂识》等。

谢灵顿

谢灵顿，英国生理学家。1857 年生于伊斯灵顿，1952 年卒于伊斯特本。1876 年起在伦敦圣托马斯医院学习，1880 年前往剑桥，成为凯厄斯学院的成员，1885 年取得医学士学位，翌年获医师资格，然后回到圣托马斯医院任讲师，1891 年任伦敦大学兽医院布朗研究所的教授和所长，1895 年起任利物浦大学教授、牛津大学教授，1920—1925 年为英国皇家学会主席。

谢灵顿其实在早年曾染上恶习，在向一位女子求婚时，被一句"我宁愿跳进泰晤士河里淹死，也不会嫁给你！"的话深深刺痛，然后致力于医学和生物学研究，最终成为诺贝尔医学奖获得者。

孔繁森

孔繁森，1944 年出生，山东聊城人。他 18 岁参军，1966 年加入中国共产党。1969 年复员后，他先当工人，后被提拔为国家干部。1979 年，国家要从内地抽调一批干部到西藏工作，时任聊城地委宣传部副部长的孔繁森主动报名，请人写了“是七尺男儿生能舍己，作千秋鬼雄死不还乡”的条幅。刚到西藏，他又写下“青山处处埋忠骨，一腔热血洒高原”，以此铭志。

在孔繁森的勤奋工作下，阿里经济有了较快的发展。1994 年 11 月 29 日，他在新疆塔城进行边贸考察，在完成任务返回阿里途中，不幸发生车祸以身殉职，时年 50 岁。他牺牲后，江泽民总书记于 1995 年 4 月 29 日亲笔题词“向孔繁森同志学习”，时任国务院总理的李鹏也题词“学习孔繁森同志热爱人民、无私奉献的精神”。

心灵修养用语微解

自爱：自己爱护自己；自重。《老子》：“是以圣人自知不自见，自爱不自贵。”《史记·高祖本纪》：“臣少好相人，相人多矣，无如季相，愿季自爱。” 唐韩愈《答刘秀才论史书》：“仆虽騃，亦粗知自爱。” 明方孝孺《与讷斋先生书》：“违远日久，愿见之心甚於饥渴。冬寒，惟万倍自爱。”

珍爱：珍视爱惜；珍惜喜爱。唐韩愈《答刘正夫书》：“足下家中百物皆赖而用也，然其所珍爱者，必非常物。” 宋陆游《吏部郎中苏君墓志铭》：“属文有体制，笔法简远，其尺牍尤为时所珍爱。” 清蒲松龄《聊斋志异·小二》：“（赵旺）一女小二，绝慧美。赵珍爱之。”

清廉：清白廉洁。《庄子·说剑》：“诸侯之剑，以知勇士为锋，以清廉士为锷。”《东观汉记·周泽传》：“拜太常，果敢直言，数有据争，朝廷嘉其清廉。” 方干《上张舍人》诗：“此地清廉惟饮水，四方焦热待为霖。” 《老残游记》第十五回：“此人姓刚，名弼，是吕谏堂的门生，专学他老师，清廉得格登登的。”

宁死不屈：宁愿死也不屈服。赵弼《宋进士袁镛忠义传》：“以大义拒敌，宁死不屈，竟燎身于烈焰中。”近义词：宁为玉碎，不为瓦全。

自尊：即自我尊重，尊重自己，也指自己的尊严。一般认为是做人所必须的一种心理，也是社交所需要把握的底线。《礼记·表记》：“不自尚其事，不自尊其身。”《韩非子·诡使》：“重厚自尊，谓之长者。”

骨气：指体貌气质。后多指刚强不屈的人格及操守。也喻书法的笔力和雄健的气势。出自刘义庆《世说新语·品藻》：“时人道阮思旷：‘骨气不及右军，简秀不如真长。’”罗烨《醉翁谈录·钱穆离妻而后再合》：“幼而聪敏，长而好学，风姿粹美，骨气轩昂。”

施受：施事与受事。杨树达《古书疑义举例续补·施受同辞例》：“《礼记·儒行篇》云：‘儒有不陨获於贫贱，不充诎於富贵，不慁君王，不累长上，不闵有司，故曰儒。’按……慁、累、闵三字，皆受事之词，与上文陨获、充诎一律；若以为主事之词，则於文义不合矣。此亦施受同辞，而初学易生误解者。”张涤华《古籍里一些值得注意的特殊语言现象》：“施是施事，也叫主事；受是受事。

刮目相看：去掉旧的看法，改用新的眼光看待，出自《三国志·吴志·吕蒙传》：“士别三日，即更刮目相待。”意为用新的眼光看待。

信任：相信而敢于托付。《史记·蒙恬列传》：“始皇甚尊宠蒙氏，信任贤之。”《南史·荀伯玉传》：“高帝重伯玉尽心，愈见信任，使掌军国密事。”陈以仁《存孝打虎》楔子：“唐僖宗信任田令孜等，贪财好贿。人民失散，四野饥荒。”

守护：看守保护。《晋书·孙绰传》：“所居斋前种一株松，恒自守护。”贾思勰《齐民要术·种榆白杨》：“能种一顷，岁收千匹。唯须一人守护、指挥、处分。”韩愈《送李愿归盘谷序》：“虎豹远迹兮，蛟龙遁藏；鬼神守护兮，呵禁不祥。”薛福成《妥筹保护浙东新筑炮台疏》：“前在浙江巡抚任内，皆於守护礮台一事，筹之已熟。”